潮ワイド文庫——004

『民衆こそ王者』に学ぶ 沖縄・広島・長崎 不戦の誓

潮出版社

本書は、単行本『民衆こそ王者——池田大作とその時代』から抜粋し、再構成したものです。第一章と第二章では、小説『人間革命』が沖縄の地で書き始められた歴史が綴られています。第三章から第六章では、戦禍《せんか》に苦しんだ沖縄、広島、長崎の地で繰り広げられた平和運動の物語が描かれています。

編集部

『民衆こそ王者』に学ぶ

沖縄・広島・長崎 不戦の誓い

◆

目次

装丁＝金田一亜弥
カバー写真＝沖縄・石垣島での「八重山祭」にて（一九七四年）©聖教新聞社

第一章

小説『人間革命』と沖縄〔上〕

一九七四年（昭和四十九年）五月三十日、午前。

イギリス領《りょう》の香港《ホンコン》。九竜《きゅうりゅう》駅は雨だった。中国との国境《くにざかい》まで、列車で一時間ほどかかる。日本から中国への直行便《ちょっこうびん》は、まだない。

九広鉄路《きゅうこうてつろ》の車内。混雑《こんざつ》していた。

窓から火炎樹《かえんじゅ》が見える。別名、鳳凰樹《ほうおうじゅ》。鮮《あざ》やかな紅《くれない》と緑を眼に焼き付けながら、聖教新聞論説部長の大原照久はつぶやいた。

「いよいよ、第一歩だ」

国境の手前、羅湖《らこ》駅に着いた時には、雨は上がっていた。

鞄《かばん》を左肩にかけ、書類をつかむ。早足《はやあし》の池田大作を追って、少しひび割れたプラットホームに降《お》り立った。

ブルーのネクタイに背広《せびろ》姿の池田。四十六歳である。扇子《せんす》を右手に握り、悠然《ゆうぜん》と先頭を進む。後ろに妻の香峯子《かねこ》たちが続いた。

こちらの羅湖駅はイギリス領で、向こうは中国の深圳《しんせん》駅。その間《かん》、約一〇〇メート

寸暇（すんか）をぬって執筆する池田（1967 年）©Seikyo Shimbun

ル。小さな川に鉄橋《てっきょう》が架《か》かっている。

池田は歩いて国境を越えた。

日中国交正常化《にっちゅうこっこうせいじょうか》から一年八カ月。初訪中《はつほうちゅう》の瞬間《しゅんかん》である。

人間は、わかり合える

「こんにちは！」

流暢《りゅうちょう》な日本語が響《ひび》いた。

池田たちを最初に出迎えた中国人は三人。葉啓滽《ようけいよう》と殷蓮玉《いんれんぎょく》。ともに中日友好協会の一員である。そして広州《こうしゅう》市の関係者が一人。

深圳駅の控室《ひかえしつ》。広州行きの列車を待つ。

殷蓮玉は、ある日本語の一節を暗誦《あんしょう》してみせた。北京外国語学院を卒業したばかり。大勢《おおぜい》の日本人を前に少し緊張《きんちょう》していた。

しかし、よどみなく口《くち》にした。

「一人の人間における偉大《いだい》な人間革命は、やがて一国の宿命《しゅくめい》の転換《てんかん》をも成《な》し遂《と》げ、さらに全人類の宿命の転換をも可能にする」

小説『人間革命』の主題である。

驚《おどろ》いたのは学会側《がわ》だ。

「すごい！　書いた私でも、覚《おぼ》えていないんですよ」

池田のユーモアに笑いが弾《はじ》ける。同行メンバーの、「中国は怖《こわ》い」という思い込みが吹き飛んだ。葉啓滽もまた、『人間革命』を熟読《じゅくどく》していた。広州へ向かう車中、対話が弾《はず》んだ。

のちに殷は述懐《じゅつかい》している。

「池田先生にお会いしたとたん、大変な親しみを感じたのです……言葉を教えていただきながら、いろいろなお話をしました。

その時、先生が言われた〝自分のありのままの姿で、人民に人生を捧《ささ》げていくのです〟との言葉を私自身の支《ささ》えとして中日友好一筋《ひとすじ》にやってきました」

人間は、わかり合える。国境、言葉、イデオロギー。人類を分断《ぶんだん》する多くの壁《かべ》を越えて、池田はただ「人間」を見つめていた。

随行《ずいこう》記者の大原は、のちに記《しる》している。

〈(初訪中の際) 北京《ペキン》の宿舎《しゅくしゃ》で、(池田) 名誉会長は「私はこのあと、ソ連に行く」と語った。そのとき中国とソ連の関係は最悪だった。

その言葉に続いて、静かに、しかし、毅然《きぜん》と、不動《ふどう》の信念で語った。「ソ連にも人間がいる。民衆がいる」〉

◇

初訪中の七日目。

池田は「万里《ばんり》の長城《ちょうじょう》」を歩いていた。正午前。緑がまぶしい。急な坂も多い。白いポロシャツが汗ばんでくる。中日友好協会理事の金蘇城《きんそじょう》が、一行を丁寧《ていねい》に案内した。はるか彼方《かなた》まで、うねる石の砦《とりで》。池田は、金に語り始めた。

「私の師匠である戸田城聖《じょうせい》先生(創価学会第二代会長)は、生前、よく私に、『いつか二人で中国に行き、万里の長城に立ってみたいな』と言われました。今日は、先生と一緒に、ここに立っている心境《しんきょう》です」

静かに話を続ける。

「今から五年前。私は小説『人間革命』で、『日中平和友好条約』の締結《ていけつ》を訴《うった》えました。

あの当時、日本国内の状況は、どのようなものだったか――」

金理事は深くうなずき、耳を傾《かたむ》けていた。

「池田さんが切《き》り札《ふだ》を出しましたね」

池田が日中友好に果《は》たした役割。その真骨頂《しんこっちょう》は、一九六八年（昭和四十三年）に発表した「日中国交正常化提言」である。

一万数千の学生たちを前に、一時間十七分にわたって講演した。

この「池田提言」は直《ただ》ちに中国にも打電《だでん》された。国内では「朝日新聞」が講演当日に一面セカンドで報道、二面で講演要旨《ようし》を掲載《けいさい》したほか、各紙が取り上げた。

すぐさま議論が巻き起こる。「光りはあったのだ」（竹内好・中国文学者）、「百万の味方を得た」（松村謙三・衆議院議員）等々、国内の友好論者たちは希望を見る思いだった。

いっぽう反中国の勢力からは、殺気《さっき》だった抗議が押し寄せた。創価学会本部の電話交換台はベルが鳴りやまなかった。受話器の向こうから怒号《どごう》が飛んでくる。街宣車《がいせんしゃ》も、不穏《ふおん》な動きを繰り返した。

都内の大学に通っていた、ある学生部員。大学の物理《ぶつり》学の講義で耳を疑った。担当教授が、いきなり「創価学会の池田さんが切《き》り札《ふだ》を出しましたね」と話し始めたのだ。

「提言は、こんなに関心を集めているのか」。あらためて師匠の巨大さを感じた。

その九カ月後。池田は小説『人間革命』(第五巻「戦争と講和」の章)で、敢《あ》えて再び日中友好に言及《げんきゅう》したのである。

〈あらゆる外交政策のなかで、今こそまず中華人民共和国との平和友好条約の締結《ていけつ》を最優先《さいゆうせん》すべきであり、これこそ最も現実的な政策である、と私は重ねて訴えておきたい〉(一九六九年=昭和四十四年六月二十一日付「聖教新聞」)。

〝竹のカーテンに閉ざされている〟といわれた中国。日本との国交正常化の歯車が劇的に回転するのは、この三年後のことである。

当時の「聖教新聞」の発行部数は四〇〇万部超。その紙面で〈重ねて訴えておきたい〉――この主張の重みは、史実《しじつ》を調べれば調べるほど増していく。

敏腕《びんわん》記者の証言

「桑田さん、記事はこれでどうですか」

フロアに政治部記者の声が響く。

「よし、これでいいよ！」

一九七二年（昭和四十七年）九月、東京・有楽町の朝日新聞社。政治部長の桑田弘一郎は、矢継《やつ》ぎ早《ばや》に指示を出していた。北京《ペキン》から次々と送られてくる記事や写真。九月二十九日、田中角栄と周恩来《しゅうおんらい》が日中国交正常化の共同声明に調印。戦後日本史を画《かく》する一日となった。六月に政治部長になったばかりの桑田にとって、最初の大仕事だった。

◇

一九五〇年（昭和二十五年）入社。敏腕《びんわん》記者として鳴らした。五四年（同二十九年）四月、法務大臣の犬養健《いぬかいたけし》が「指揮権《しきけん》」を発動した「造船疑獄《ぞうせんぎごく》」。「朝日」の朝刊一面トップに桑田のスクープ記事が躍《おど》った。池田勇人《はやと》首相の番記者などを務め、他社としのぎを削《けず》る日々を過ごした。

大阪本社編集局長の後、東京本社代表、専務取締役。さらにテレビ朝日社長、民放《みんぽう》連《れん》（日本民間放送連盟）会長を歴任した。

その桑田が、「池田会長には深い敬意を表したい」と語る。

◇

桑田と中国の縁は深い。

一九六二年（昭和三十七年）九月、〝日中友好の草分《くさわ》け〟である衆議院議員、松村謙三の訪中に随行。その後も両国の交渉を見つめ続けた。

「池田会長の提言が発表された時期は、日中関係が最も冷え切った〝逆風《ぎゃくふう》の時〟だった」

池田提言の前年（一九六七年）、北京在住の日本商社員七人が「スパイ容疑《ようぎ》」で取り調べを受けた。読売、毎日、産経、西日本各紙の北京特派員が追放されたり、常駐《じょうちゅう》資格を取り消されるという事態も生じた。

さらに、年末に期限が切れた「ＬＴ《エルティー》貿易」（日中総合貿易に関する覚書《おぼえがき》）は、延長交渉が難航《なんこう》を極《きわ》めた。両国の交流のパイプは一気に細くなっていく。

「日中関係は、音を立てるようにして崩《くず》れていった」

「並々《なみなみ》ならぬ覚悟に基《もと》づいた勇断《ゆうだん》」

人の心は〝時流《じりゅう》〟に乗って変貌《へんぼう》する。桑田の回想。

「それまでにぎやかだった松村謙三さんの議員会館の部屋は、潮《しお》が引くように静かになった。散々《さんざん》世話になりながら、寝返《ねがえ》った政治家もいた。松村さんの陣営の中ですら、

創価学会の学生部総会で「日中国交正常化提言」を発表（1968年9月）
©Seikyo Shimbun

グラグラ揺れていた」

　松村の人柄《ひとがら》について、池田は折《おり》あるごとに語っている。

「あれほど純粋で、清貧《せいひん》に甘《あま》んじ、高《こう》潔《けっ》な人格の政治家は少ない。党派《とうは》を超えて尊敬できる方《かた》だ。公明党も、こういう方に学ばなくてはいけない」

　その松村の周囲に吹き荒れた、毀誉《きよ》褒貶《ほうへん》。桑田はつぶさに見ていた。

「こうした状況下での池田会長の提言は、並々《なみなみ》ならぬ覚悟に基《もと》づいた勇断《ゆうだん》であった、と言いたい。〝周恩来の時代でなければ、国交回復は無理だ〟――これが心ある人々の思いであり、報道に携《たずさ》わっていた私自身の実感でもある。

　あの時期に国交正常化を提言し、小説

『人間革命』でも再び主張した池田会長の行動を、高く評価します」

「しかし」と桑田は一言《ひとこと》、つけ加えた。

「池田会長の態度と違って、日中の交流に携《たずさ》わった公明党議員の中には、えらく威張《いば》っている奴《やつ》がいたなあ」

「大阪の戦い」直後の取材

じつは桑田は、〝会長就任以前〟の池田を取材している。

一九五六年（昭和三十一年）七月。参議院選挙の大阪地方区で、学会推薦《すいせん》の白木義一郎が当選した。「朝日新聞」が「〝まさか〟が実現」と報じた「大阪の戦い」である。

政治部記者だった桑田は、創価学会へ取材を申し込んだ。

都内の取材場所へ着くと、他社の記者たちも待っている。細長い控室《ひかえしつ》。七、八人いただろうか。「週刊朝日」の記者もいた。「そっちも来てたのか」と互《たが》いに驚いた。

順番が来た。部屋へ入る。

テキパキと取材の応対《おうたい》をしていたのは、自分よりも若い男だった。目が合った。青年は言った。

「初めまして。池田と申します」

◇

ソフトな物腰《ものごし》。しかし、黙《だま》っていても、五体《ごたい》から満々《まんまん》と「磁力《じりょく》のようなもの」を発している。

「あ、この人は間違いなくリーダーになるぞ」。これが第一印象《いんしょう》だった。

「取材は真剣勝負。刀《かたな》を抜いて向き合う。切《き》っ先《さき》が触《ふ》れれば、『大した人物じゃないな』とか、『こいつ、やるな』とか、だいたい見極《みきわ》めがつく」

「池田さんと相対《あいたい》して、『油断するとこっちがやられる』と思った」

◇

中学生時代から、法華経《ほけきょう》などの宗教書にも親しんできた桑田である。

ギシギシと椅子《いす》をきしませ、激しく問いかけた。

打てば響《ひび》く。答える池田。熱を帯びてくる。

「なぜ創価学会に勢《いきお》いがあるか？」

「折伏《しゃくぶく》精神があるからです」

「なぜ政治に参加するのか？」

「創価学会は現実を変えるための宗教です。日蓮大聖人《にちれんだいしょうにん》の精神を受け継いだ団体なんです」

丁々発止《ちょうちょうはっし》。あっという間に時間が過ぎた。

日中平和友好条約が締結《ていけつ》される前年の一九七七年（昭和五十二年）、桑田は再び池田を取材している。

「青年時代のエネルギッシュな感じが、少しも変わっていなかった」

「本物の宗教運動は、既成《きせい》の権力に対する一種の革命運動、改革運動になっていくものでしょう。かつて『立正安国論《りっしょうあんこくろん》』を掲《かか》げて鎌倉幕府《かまくらばくふ》に迫った日蓮と、今も民衆運動の先頭に立つ池田会長のイメージは重なります」

「基地の跡《あと》は永遠に残そう」

桑田弘一郎が「最も思い出深い仕事の一つ」と語る記事がある。

「沖縄報告」。

一九六九年（昭和四十四年）、「朝日新聞」の朝刊で、じつに一〇〇回にわたって続いた長期連載である。桑田はキャップとして赴任《ふにん》。トップクラスの記者が沖縄に送り込まれた。那覇《なは》支局にいた筑紫哲也《ちくしてつや》も取材班の一員だった。

政治に翻弄《ほんろう》されつつも、したたかに生き抜く庶民の姿を追った。

「沖縄の人たちの、たくましい生活を書きたかった」と桑田。

「本土復帰」前の哀歓《あいかん》を書き込んだ連載は、新聞ルポの名作として高く評価されている。

この連載が始まった時。沖縄には、中国を睨《にら》む核ミサイル基地があった。メースB――広島型原子力爆弾に相当する威力《いりょく》をもつと言われた、中距離核《ちゅうきょりかく》ミサイルである。冷戦下、アメリカの威信を示す軍備だった。

基地は四カ所。計三十二基の発射台。ミサイルは北京、上海《シャンハイ》をはじめ、中国の主要都市を射程《しゃてい》においていた。

◇

やがてメースBは撤去《てっきょ》された。

用済《ようず》みとなったミサイル基地。その一つが恩納村《おんなそん》にあった。現在、創価学会の沖縄研修道場になっている。海外からの見学者をはじめ、人々のにぎやかな声が絶《た》えない。

一九八三年（昭和五十八年）三月。池田は同地を初めて訪れた。基地の跡《あと》が、廃墟《はいきょ》のまま残っている。地元では取り壊す話が進んでいた。本土の会社が、解体《かいたい》総額の見積《みつ》もりまで出していたという。

しかし、池田の発想は違った。

「ここを、そのまま世界平和の記念碑《ひ》にしたらどうか」

聞いた人は皆、その提案に耳を疑った。忌《い》まわしいミサイル基地を、そのまま残す。しかも「平和の象徴《しょうちょう》」に変えようというのである。

「基地の跡《あと》は永遠に残そう。『人類は、かつて戦争という愚《おろ》かなことをしたんだ』という、ひとつの証《あか》しとして」

核兵器への不安から、「恐怖の城」とも呼ばれた恩納村の基地。「世界平和の碑」に生まれ変わった。

「この事実を忘れるな」

ジョセフ・ロートブラット。一九九五年（平成七年）、ノーベル平和賞受賞。核廃《かくはい》絶《ぜつ》運動の旗手《きしゅ》だった。生前、池田と対談集を出している（『地球平和への探究』潮出版社）。

二〇〇〇年（平成十二年）二月、沖縄で「世界平和の碑《ひ》」を見学。その経緯《けいい》を知り、感嘆《かんたん》した。

かつての核ミサイル基地は、池田の提案で「平和の発信地」に（1992年2月）©Seikyo Shimbun

「戦争の基地を平和の発信地《はっしんち》に変えるというのは、なかなか思いつかないことです。それは、常に平和のことを真剣に考えている人でないと思い浮かばない発想なんです」

同月、同じく沖縄研修道場。日本人初の中国・中央民族大学「名誉教授」授章式の席上、池田は烈々《れつれつ》と語った。

「ここは、日本の最高の恩人である中国に向かって、ミサイルを撃《う》とうとした場所でありました。私たちは、貴国におわびし、日本と世界の指導者に『この事実を忘れるな』と伝え残すために、この道場をつくったのです」

「世界平和の碑」には、中国からの見学者も訪れるようになった。

沖縄研修道場の写真を見て、桑田弘一郎は感慨を深くした。

「恩納村の基地の跡は、今でもよく覚えていますよ。あそこが、こんなに美しくなったんですね。驚きました」

執筆《しっぴつ》開始の日

一九六四年（昭和三十九年）十二月二日。創価学会の旧・沖縄本部二階。

仲間《なかま》玉枝（沖縄支部初代婦人部長）は控室《ひかえしつ》で、数人の婦人部員とともに諸行事《しょぎょうじ》の準備をしていた。

隣《となり》の和室。沖縄を訪問中の池田が執務《しつむ》を続けていた。

仲間は「池田先生が座ったまま、冷やしたタオルを額《ひたい》にのせ、天井を眺《なが》めている姿を何度か目にした」と言う。微熱《びねつ》が続いていたようだ。

その時。和室から「パァン！」と机を叩《たた》く音。と同時に、

「できた！」

立ち上がった池田が、すたすたと和室から出て行く足音がする。

急いでお茶を替《か》える。机上《きじょう》を見る余裕はなかった。何が「できた」のか。彼女はわ

からない。

◇

沖縄創価学会の草分け、安見福寿《やすみふくじ》。同じく十二月二日。

一階の洗面所から二階の和室へ、池田が階段を上《のぼ》ってくる。

パシン！　パシン！と手を叩く。「とってもいい原稿ができたんだよ」と満面の笑《え》み。

何の原稿なのか。

安見は、池田の次の言葉を待った。

◇

この日、沖縄の学生部員が旧・沖縄本部に集まっている。

桃原正義《とうばる》（総沖縄長）。琉球《りゅうきゅう》大学の一年生だった。

前方にいる幹部たちに、さっと緊張が走った。背後から声がした。振り返る。

「やあ！　沖縄学生部、やってるな！」

十六ミリの「聖教ニュース」でしか知らなかった、池田がそこにいた。

「諸君の一人一人が、沖縄の各方面の指導者になってもらいたい。沖縄の民衆は諸君の成長を待っている」

この日、池田が何を書き記《しる》したのか。学生たちが知るのは、後日のことである。なぜ、沖縄だったのか。その淵源《えんげん》は、四年前にさかのぼる。

南部戦跡《なんぶせんせき》の海鳴《うみな》り

メースBの沖縄配備が発表された一九六〇年（昭和三十五年）。創価学会の第三代会長に就任して間もない池田は、アメリカ統治下の沖縄を初めて訪れた。七月十六日から十八日の三日間だった。

初の「海外」指導である。訪問二日目の十七日には、歴史的な「沖縄支部」結成大会が行われた。

訪問最終日の七月十八日、午前。一行は貸し切りバスに乗って、那覇《なは》から糸満《いとまん》を抜け、南部戦跡《なんぶせんせき》へ向かっていた。

夏の太陽が、徐々《じょじょ》に高くなる。

車は「ひめゆりの塔」の前で止まった。

皆で題目三唱。霊前で献花を売っていた婦人部員にも、池田は親しく声をかけ、あいさつした。

再び車に乗り、摩文仁《まぶに》の丘《おか》に着いた。那覇から一時間半ほどかかっただろうか。

熱風《ねっぷう》が頬《ほお》を打つ。砂塵《さじん》が舞《ま》う。

「国内唯一《こくないゆいいつ》の地上戦《ちじょうせん》」

その終末の地に立った。

◇

日本の降伏《こうふく》間近の、一九四五年（昭和二十年）六月。

沖縄本島の南端《なんたん》、喜屋武《きゃん》半島。

三万の軍人と、十万を超える避難民《ひなんみん》が追い詰められていた。

「なぜなのか」

問う余裕すら奪《うば》われた。

〝鬼畜米英《きちくべいえい》〟の手にかかるよりは――。

逃げた。崖《がけ》から飛び降りる人、人、人……。

果《は》ての果て。荒崎海岸で、ギーザバンタ（断崖《だんがい》）で、惨劇《さんげき》が続いた。

海岸の岩穴《いわあな》。炎《ほのお》で焼き尽くされた。打ち寄せる波際《なみぎわ》。火焔放射《かえんほうしゃ》の真っ黒な跡が、延々《えんえん》と続いた。今も沖縄では、当時の犠牲者《ぎせいしゃ》の遺骨《いこつ》収集作業が行われている。

◇

ふだん、池田は驚くほど早足《はやあし》だ。側近《そっきん》たちは、ついていくのがやっとである。この日は違った。じっくりと、大地を踏《ふ》みしめるように歩く。

沖縄の学会員たちがついていく。

「池田先生が南部戦跡にいらっしゃる！」

聞きつけた島尻《しまじり》の同志が、あとからあとから駆けてきた。

坂が緩《ゆる》くなる。

太平洋が見える。

海鳴《うみな》り。途切《とぎ》れることなく耳に響く。つかず離れず歩く人々。潮《しお》の香《か》が漂《ただよ》う。崖が、迫ってきた。随行していた仲間玉枝は、この時の光景を忘れることができない。

「池田先生！」

婦人部員の一人が、二歩、三歩と近づいた。

「じつは、私の家族は……」

その一言が、堰《せき》を切った。心があふれ出る。こらえきれない。男子部員が駆《か》け寄《よ》った。女子部員も口を開いた。壮年部員が足を踏《ふ》み出した。

誰いうともなく、かわるがわる、池田に沖縄戦の惨劇《さんげき》を伝え始めていた。

空の青も変わらない、海の青さも変わらない、十五年前。

人間の世界だけが地獄《じごく》と化《か》した。

◇

小説『人間革命』全十二巻。

足かけ二十九年、連載回数一五〇九回。今も世界各地で読まれるベストセラーである。

その冒頭《ぼうとう》が、やがて、この沖縄の天地で産声《うぶごえ》をあげることを、まだ誰も知らない。

コクヨの原稿用紙。タイトルは「第一章　黎明《れいめい》㈠」。

こう書いてある。

戦争ほど、残酷《ざんこく》なものはない。
戦争ほど、悲惨《ひさん》なものはない。
だが、その戦争はまだ、つづいていた。
愚《おろ》かな指導者たちに、ひきいられた国民もまた、まことにあわれである。

この一節に込めた祈り。

さらに追う。

第二章

小説『人間革命』と沖縄〔下〕

昭和四十年代。八月の暑い盛《さか》りである。

昼食《ちゆうしよく》を共にしながら、池田大作はあるジャーナリストと懇談《こんだん》していた。

傍《かたわ》らのテレビは、甲子園球場を映《うつ》し出していた。夏の高校野球。沖縄代表が健闘《けんとう》している。

池田は言った。

「沖縄が出てくると、どうしても力《ちから》が入ってしまいます」

◇

会合に臨《のぞ》む時、池田は常に、最も遠くから参加した人を気にかける。

「おなかは空《す》いていないか」

「帰りの交通費《こうつうひ》はあるか」

「留守番《るすばん》をされている方に、くれぐれもよろしく」

必ず確かめる。声をかける。

これは創価学会の会合に限らない。「一番遠い場所」である沖縄から、球児《きゆうじ》たちがはるばる甲子園へやってくる。気にかかる。心が自然と動くのである。
池田が沖縄を気にかける理由。それは決して距離《きょり》の遠さだけではない。

公害研究《こうがいけんきゅう》の闘士《とうし》が読んだ『人間革命』

一九八三年（昭和五十八年）。米軍《べいぐん》の核ミサイル基地跡《きちあと》を池田が訪《おとず》れ、「平和の象《しょう》徴《ちょう》にしよう」と提案した史実《しじつ》には、すでに触れた。

その翌日。沖縄市陸上競技場で、今も語り継《つ》がれる創価学会の「雨の文化祭」が行われた（三月二十一日、沖縄平和文化祭）。

この文化祭に、池田とともに出席した一人の来賓《らいひん》がいる。大嶺哲雄《おおみねてつお》（沖縄大学名誉教授）。生物地理学《せいぶつちりがく》の権威《けんい》であるとともに、公害研究《こうがいけんきゅう》の先《せん》駆者《くしゃ》である。

「教師は若者たちに夢を与える商売」「実業《じつぎょう》に役立たない学問は無用《むよう》」という信条《しんじょう》。

県内の大学で初めて「公害論」の授業を創設《そうせつ》し、大教室を埋《う》めた。「基地公害」の研究にも尽力《じんりょく》。米軍基地内《きちない》の環境《かんきょう》調査も行った。

〝闘争大学《とうそうだいがく》〟ともあだ名された沖大《おきだい》の学生部長を務《つと》めた。学生思いの対話の熱《ねつ》っぽさは伝説になった。

東京大学の自主講座《じしゅこうざ》「公害原論《げんろん》」で名を馳《は》せた宇井純《ういじゅん》を、沖大へ招《まね》いた有志の一人でもある。

その大嶺が語る。

「小説『人間革命』の冒頭《ぼうとう》からは、池田会長の反戦《はんせん》への切望《せつぼう》、いわば〝平和への覚悟《かくご》〟を感じるのです」

◇

一九四五年（昭和二十年）の晩春《ばんしゅん》。大嶺哲雄は十三歳になる少年兵だった。沖縄本《ほん》島《とう》北部の山中《さんちゅう》にいた。

三月。米軍は最新の兵器を注《そそ》ぎ込《こ》み、陸海空《りくかいくう》から、沖縄を蹂躙《じゅうりん》し始める。

米軍上陸前、すでに沖縄の人々は、日本軍による徴兵《ちょうへい》と徴用《ちょうよう》で疲弊《ひへい》しきっていた。

沖縄の人口は約五十九万人（昭和十九年）。そこへ、総勢五十五万人の米軍兵士、一五〇〇の艦船《かんせん》が押《お》し寄《よ》せたのである。

「四人に一人」が命を奪《うば》われた。軍人よりも住民の犠牲者《ぎせいしゃ》のほうが、はるかに多かった。

猛爆撃《もうばくげき》により、地形まで変わった。本島南端《なんたん》の喜屋武岬《きやんみさき》までの一帯。「一カ月で六八〇万発」の砲弾《ほうだん》が撃《う》ち込まれた。じつに、この付近の「住民一人あたり五十発」。不発弾《ふはつだん》を完全に処理するためには、あと五十年かかるとの調査もある。

◇

沖縄守備軍《しゅびぐん》に入った大嶺少年は、通信などを担当。「今もできますよ」。手元のペンでモールス信号を叩《たた》いた。

ある日突然、将校《しょうこう》から「家に帰れ」と言われた。追《お》い詰《つ》められた軍は、各地で民間人《みんかんじん》を放《ほう》り捨《す》てた。

「今さら帰る家なんかあるか！」

大嶺は拒否《きょひ》した。三カ月間、兵《へい》たちと草をかきわけ、山を彷徨《さまよ》った。

木の幹《みき》のそばに、乳飲《ちの》み子《ご》を抱《かか》えた母が倒れている。死んでいた。赤《あか》ん坊《ぼう》は夢中で母乳《ぼにゆう》を求めている。しかし、米兵に追われている。立ち止まれば、自分が殺《ころ》される。見捨《みす》てて逃げるしかなかった。

艦砲射撃《かんぽうしやげき》の轟音《ごうおん》。赤ん坊の泣き声。耳から離《はな》れない。

「十三歳で、地獄《じごく》を見たわけです」

「〝わが身を犠牲《ぎせい》にして〟……そんな言葉だけの薄《うす》っぺらさを、とことん知った」と振り返る。

「戦争を知らない世代へ」

銃撃《じゅうげき》。爆発《ばくはつ》。病《やまい》。飢《う》え。次々と倒れる家族。手榴弾《しゅりゅうだん》による、強《し》いられた「集団自決」が続発《ぞくはつ》した。

創価学会青年部が編纂《へんさん》した反戦出版「戦争を知らない世代《せだい》へ」シリーズ（第三文明社）にも、悲痛《ひつう》な体験が記《しる》されている。

〈私の家族も親せきとともに円陣《えんじん》を作って座り、叔父《おじ》が手榴弾の信管《しんかん》を抜きました。しばらくして、ものすごい爆発音《ばくはつおん》がしたので、一瞬《いっしゅん》目をつぶりました……。

叔母が抱《だ》いていた二歳になる乳飲み子は、頭がふっ飛んでなくなっていました。その子の頭を支えていた叔母の三本の指もなくなっていました。義理《ぎり》の妹、その妹、主人、子供二人も一瞬《いっしゅん》にして死にました。一言《ひとこと》もいわなかった〉（「渡嘉敷島《とかしきじま》の集団自決」安座間豊子。『沖縄戦――痛恨の日々』所収）。

忘れてはならない歴史。「過去」に目を閉《と》ざす者は、「未来」に対しても盲目《もうもく》となる。

池田は沖縄の中学・高校生に、戦争体験の聞き取りを提案したことがある。

「戦争反対のためにも、事実の記録のためにも、お父さんやお母さんから少しずつ聞

沖縄戦の絵。創価学会沖縄青年部の呼びかけで、戦争体験者の描いた約700枚が集まった（第4章で詳述）。
空からの攻撃（上）。
米軍の降伏勧告のビラを持っていた少女が、友軍である日本兵からスパイ扱いされた（下）

いてまとめてみてはどうか」（一九七四年＝昭和四十九年二月九日、名護会館で）

この提案は、「戦争を知らない世代へ」シリーズの『血に染《そ》まるかりゆしの海』に結実《けつじつ》した（第三章で詳述）。

◇

池田は「感傷《かんしょう》」が嫌《きら》いである。

宿命に翻弄《ほんろう》される会員たちに、「センチメンタルになってはいけない」「強く！　朗《ほが》らかに！」と言いきかせてきた。

「感傷からは、何も生まれない。前に進めない」――一〇〇〇万の同志を牽引《けんいん》してきた指導者の哲学であり、信念である。

その池田が、〈感傷といわれようと、一向《いっこう》にかまわない〉――こう言い切った文章がある。

「平和の砦《とりで》」。沖縄戦について綴《つづ》ったエッセーである（一九七一年執筆、『きのう　きょう』所収。『池田大作全集』第十九巻に収録）。

「琉球《りゅうきゅう》政府の発行した、沖縄県史のなかに『沖縄戦記録』という巻がある」――沖縄が公式に定めた歴史書だ。その中から、当時三十九歳だった女性の体験を紹介した。

十八歳の娘が、爆撃《ばくげき》の破片《はへん》を受けて死んだ。妹も死んだ。四女と姑《しゅうとめ》は爆風で即死《そくし》した。一歳半の子は栄養失調《えいようしっちょう》で死んだ。

「砲弾《ほうだん》と爆風が激《はげ》しく、もう人間の肉がどこからともなくちぎれて飛んできましたよ。死体も一《いっ》ぱいころがっていましたよ……」

彼女は十人以上の肉親を失った。この、まさしく血で書かれた戦史《せんし》を読者に紹介しながら、池田は結論《けつろん》づける。

〈一人一人の人間の心の奥深《おくふか》くに、戦争を否定《ひてい》しきる平和の要塞《ようさい》を構築《こうちく》しなければならない。

それ以外に悲しき人間の業《ごう》を転換《てんかん》しゆく道はないからである。

このような呼びかけは、いかにも複雑な政治の現実をわきまえぬ、感傷と嗤《わら》われるかもしれない。

しかし、当然のことを、当然のあるべき姿に向けることが感傷というのであれば、私は感傷といわれようと、一向にかまわない〉

一人一人の人間の心の奥深くに、戦争を否定しきる平和の要塞を――この池田の思想は、沖縄の地に立った時、ひときわ鋭《するど》く浮かび上がる。

「沖縄から見ると『日本の正体』が、よく見える」

一九六〇年（昭和三十五年）七月十八日。初訪問の沖縄・摩文仁《まぶに》の丘。

直下《ちよつか》に崖《がけ》がのぞく。緑の豊かな濃淡《のうたん》。その先には、青い青い海が広がっている。

「この崖です」


同行した学会の婦人部員が語る。

「この崖から、わが子を投げ捨て、自分も身を投げたお母さんが、たくさんいました」

風が潮騒《しおさい》を運んでくる。開襟《かいきん》シャツの袖《そで》が震《ふる》える。

最も苦しんだ人を最も幸福に——嵐の人生を生き抜いてきた沖縄の女性たちに語りかける（1972年1月、那覇市）©Seikyo Shimbun

池田は、黙々《もくもく》と聞いていた。

◇

「ひめゆりの塔《とう》」で、そして「健児之塔《けんじのとう》」で、題目を唱《とな》えた。居合《いあ》わせた人々も唱和《しょうわ》した。

友利栄吉《ともりえいきち》。南部戦跡《なんぶせんせき》に同行した一人である。

——南無妙法蓮華経《なんみょうほうれんげきょう》。

友利は、題目三唱の後、池田が発《はっ》した言葉に驚《おどろ》いた。

――もう二度と、ここで戦争は起こさせません！　沖縄の国土を我々が幸福の楽土《らくど》に変えてみせます！

「池田先生が、そういう意味のことを、何かに向かって宣言《せんげん》されました。びっくりするくらい大きな声でした。通りいっぺんの慰霊《いれい》とは全然違った。『ああ、このように祈るものなのか！』と思ったことを、強烈《きょうれつ》に覚えています」

――もう一度、お題目を唱えようよ。

池田は一行とともに、再び題目を三唱した。さらに語った。

「そこに生きる人の境涯《きょうがい》が変われば、国土は変わる。最《もっと》も悲惨《ひさん》な戦場となったこの沖縄を、最も幸福な社会へと転《てん》じていくのが私たちの戦いだ」

友利は、この時、真《しん》の「沖縄の戦後」が始まったと思った。

「最も苦しんだ人が、最も幸福になる権利がある」。この池田の信条は、一貫《いっかん》して変わらない。

◇

一九六二年（昭和三十七年）七月、三度目の沖縄訪問。

池田は再び南部戦跡へ。

沖縄の同志の中に飛び込む。「民衆こそ王者」の信念を持って（1974年2月）©Seikyo Shimbun

妻の香峯子、恩師・戸田城聖（創価学会第二代会長）の夫人も同行した。同《おな》じ史跡《しせき》を二度訪れるのは、きわめて珍《めずら》しい。

池田は沖縄で語っている。

「日本の軍隊は『国民を守る』軍隊ではなく、『権力者を守る』ための軍隊であった——これが根本の事実である」

また、「沖縄から見ると『日本の正体』が、よく見える」とも指摘《してき》している。

◇

かつて師の戸田は、愛弟子《まなでし》に呼びかけた。

「私は、この世から、一切の不幸と悲惨《ひさん》をなくしたい。これを広宣流布《こうせんるふ》という。どうだ、一緒にやるか！」

この言葉のままに、五十八年の生涯《しょうがい》を駆《か》け抜《ぬ》けた風雲児《ふううんじ》・戸田。その伝記小説『人間革命』を書き始める場所。

決めていた。

「沖縄県民にとってありがたいこと」

一九六五年（昭和四十年）一月、創価学会の旧《きゅう》・沖縄本部。

「池田先生の『人間革命』が始まったよ」

朝礼で、「聖教新聞」を皆で読み合わせた。新垣昇《しんがきのぼる》（沖縄方面参事）は、その時のことを鮮明《せんめい》に覚えている。

戦争ほど、残酷《ざんこく》なものはない。

戦争ほど、悲惨《ひさん》なものはない。

「『人間革命』の冒頭《ぼうとう》の一行目、二行目が有名ですが、私は、三行目以降《いこう》に釘付《くぎづ》けになったのです」

そこには、

だが、その戦争はまだ、つづいていた。

愚《おろ》かな指導者たちに、ひきいられた国民もまた、まことにあわれである。

と綴《つづ》られていた。

「まるで、我々の住んでいる今の沖縄のことじゃないか」と驚いた。

この一節《いっせつ》がどこで書き始められたのか。新垣はまだ知らなかった。

同年二月、アメリカは「北爆《ほくばく》」(北ベトナムへの爆撃)を開始。七月には、沖縄の嘉《か》手納《でな》基地からB52が北爆へ発進した。琉球立法院《りゅうきゅうりっぽういん》は超党派《ちょうとうは》で抗議《こうぎ》を決議《けつぎ》。国会では公明党などの野党も一斉《いっせい》に抗議した。

一九四五年(昭和二十年)の七月三日——戸田城聖の出獄《しゅつごく》のシーンから始まる『人間革命』。その冒頭の一節は、言うまでもなく、太平洋戦争《たいへいようせんそう》へと突《つ》き進んだ国家指導者たちの、生命に潜《ひそ》む魔性《ましょう》をえぐる告発《こくはつ》である。

と同時に、鋭《するど》い「同時代性」を有《ゆう》している。

大嶺哲雄は、「『人間革命』の冒頭を、この沖縄で書き始められた。ここに、池田会長の平和への覚悟を感じるのであり、沖縄県民にとって、じつにありがたいことです」と語る。

◇

沖縄平和文化祭（一九八三年）を観《み》た大嶺。「勇壮《ゆうそう》さに心が震《ふる》えた」という。雨をも吹き飛ばす気迫《きはく》の演技に、素直《すなお》に共感した。しかも、最も激《はげ》しい演技である男子部の組《く》み体操《たいそう》には、学会員でない友人たちも参加していた。これまで見たことのない民衆運動が、そこにあった。

大嶺は日本軍の残酷《ざんこく》さを知っている。安《やす》っぽい平和論など受けつけない。創価学会は何かが違う、と感じた。

「平和を論じ、行動する団体は、ともすれば観念的《かんねんてき》、感情的《かんじょうてき》に流される場合がある。ところが創価学会には、それが皆無《かいむ》なのです。この力強《ちからづよ》さは、いったい何なんだろう、と驚きました」

大のカメラ好きでもある大嶺は、興奮《こうふん》のなかでシャッターを切った。文化祭の演技を撮《と》ったその写真は、県内の写真展で特選《とくせん》に輝《かがや》いた。

「池田会長の心を、沖縄の学会の方々が、かたちにしてきたのではないですか」

「ヤマトゥ（＝本土）から来た宗教」

沖縄創価学会の歴史は、一九五四年（昭和二十九年）に始まる。

マグロ漁船《ぎょせん》の第五福竜丸《だいごふくりゅうまる》が、アメリカの水爆実験《すいばくじっけん》で被災《ひさい》。テレビではプロレスの実況中継が始まり、シャープ兄弟をなぎ倒《たお》す力道山《りきどうざん》の空手《からて》チョップが、大人気を博《はく》し始めた。

この年、安見福寿《やすみふくじ》・清《きよ》の夫妻が、東京・立川から那覇《なは》へ移住した。

勇《いさ》んで学会の話を始めた。

「折伏《しゃくぶく》に行くでしょう。ずいぶん、いじめられましたよ」

安見清（那覇王者県婦人部主事）。懐《なつ》かしそうに話す。隣《となり》で孫娘《まごむすめ》の静子が微笑《ほほえ》んでいる。

「皆から、『とぅいぐゎー・うがまーたー、ちゅーんどー（鳥を拝《おが》む者が来るよ）』って言われてねえ」

学会員が毎日読誦《まいにちどくじゅ》する「法華経」。

ほけきょう

と読む。言うまでもなく鶯《うぐいす》の鳴き声に似ている。

そこから当時の沖縄では、学会員が来ると「鳥さん＝とぅいぐゎー」を「拝む者＝うがまーたー」と珍しがり、悪口《わるくち》を言ったのである。

「話をしに行っただけなのに、塩をまかれ、水をかけられてね、大変でした」

それは一面的には、ヤマトゥ（＝本土《ほんど》）の学会員たちが受けてきた迫害《はくがい》と似ている。と同時に、根本的《こんぽんてき》に異《こと》なってもいた。

◇

「内地《ないち》から流れ込《こ》んだヤマトゥ神」。草創期《そうそうき》、沖縄の学会員は、こうした罵倒《ばとう》を何度となく投げつけられた。

軍国主義《ぐんこくしゅぎ》を支えた「国家神道《こっかしんとう》」。創価学会は、まさにその神道の強制《きょうせい》に反対し、初代会長の牧口常三郎は七十三歳で獄死《ごくし》した（不敬罪・治安維持法違反）。しかし沖縄では、そのような認識《にんしき》以前に、「ヤマトゥ」という一点で、しばしば拒絶《きょぜつ》されたのである。

それは、当然の反発だった。

「本土を守《まも》る」という大義名分《たいぎめいぶん》の下《もと》、「捨《す》て石《いし》」にされた沖縄。戦後も米軍基地という重荷《おもに》を背負《せお》わされた沖縄。その国土《こくど》に、「本土から来た宗教」を弘《ひろ》めようというのである。
言うまでもなく、布教は悪戦苦闘《あくせんくとう》を極《きわ》めた。

「人のために 君ら舞いゆけ」

池田は、沖縄初訪問（一九六〇年＝昭和三十五年）の際、沖縄婦人部に一首を贈《おく》っている。

妙法の
　宝を胸に
　今日も又《また》
人のために と
　君ら舞いゆけ

「人のために」。この一言が、婦人部長の仲間《なかま》玉枝をはじめ、沖縄の同志の胸に染《し》みわたった。

己《おのれ》の力《ちから》ではどうしようもない、苦しい現実を背負《せお》った人たち。誰《だれ》もが、なによりも「自分の幸福のために」信心を始めた。

仏法では、「自他《じた》ともの幸福」を説く。「人のために」尽くしてこそ、自分の境涯《きょうがい》も開ける。幸福を生み出せる。

池田はこの原理を、「最も苦しんできた」人々にこそ伝えたかった。

沖縄の友は、「人のために」の一言を、正面から受け止めた。

「たとえ、食べ物が無くなっても」――仲間玉枝は言う。「靴《くつ》だけは買い換《か》えました」。安い運動靴を、何十足《なんじゅっそく》、履《は》きつぶしたかわからない。

「必ず幸せになる道がある」

語ってまわったのは、むろん、彼女だけではない。

草創期の人々への取材で、何度となく聞いたキーワードが二つある。

「沖縄全土《ぜんど》を歩き抜きました」

「池田先生から教わりました」

当時、会合へ向かう「3セント」のバス代がなく、困《こま》り果てた女子部員もいた。歩いて、歩いて、歩いて、道を開いた。

紺碧（こんぺき）の空のもと、池田を中心に語らいの輪が広がる。「座談会」は、初代会長の牧口の時代から続く創価学会の活動の要（かなめ）（1974年2月、石垣島）©Seikyo Shimbun

東京の学会本部から「最も遠い場所」の沖縄で、創価学会の活動の「王道《おうどう》」が踏《ふ》み固《かた》められていった。

「四〇〇年前（一六〇九年）の薩摩《さつま》の侵略《しんりゃく》以来、沖縄は差別されてきました。今も、毎日のように基地問題が報道されています。でも、被害者意識《ひがいしゃいしき》に囚《とら》われたままでは、幸福になれません。宿命の殻《から》を打ち破る〝強さ〟を、私たちは先生から教えていただいたのです」と仲間玉枝は強調《きょうちょう》する。

安見清は、静かに言った。「先生ほど、〝うちなーんちゅ（沖縄の人）〟から好《す》かれた〝やまとぅんちゅ（本土の人）〟はいませんよ」。

◇

一九六四年（昭和三十九年）十二月二日。今は改築《かいちく》された、旧・沖縄本部の二階。ここで池田は、小説『人間革命』の連載第一回と第二回の原稿を書いた。

戦後の創価学会再建から書き起こし、恩師の逝去《せいきょ》まで綴《つづ》るには、優《ゆう》に十巻を超えると予想された。ハイビスカスの見える窓から外を眺《なが》めて、思った。

「この連載は、相当《そうとう》、自分を苦しめることになるだろうな」

連載という苦闘《くとう》を、沖縄から始めた。それは、「私は最も苦しんできた同志とともに進む」という覚悟の表《あらわ》れでもあった。

人間革命は可能か？

池田が書き始めた四日後（十二月六日）。夜九時から、一本のテレビ番組が放映された。

「未知《みち》への挑戦　人間革命」

一人の学会員を主人公に据《す》えて、本当に「人間革命」は可能なのか迫《せま》ろうという企画である。

世間をにぎわせている創価学会の運動の核《かく》には、どうやら「人間革命」という思想があるらしい——ここに注目した一人の男がいた。

同年四月に開局したばかりのテレビ局、東京12チャンネル。その新進気鋭《しんしんきえい》のディレクター、田原総一朗《たはらそういちろう》である。

◇

「大幹部《だいかんぶ》ではない人を取材したい」。田原は創価学会の広報担当《こうほうたんとう》に要請《ようせい》した。一人の女子部員を主人公に、三カ月にわたって取材。座談会をはじめ、十数カ所の会合に訪れた。女子部員の家族、高校時代の恩師、心理学者などにも声を聞き、四十五分の番組にまとめた。

その取材過程《かてい》で、田原は初めて池田と会う。東京・両国の日大講堂。十カ国・十八日間の海外歴訪《れきほう》から帰国したばかりの池田会長を迎えた大会である。

「宗教なんだから、権威的《けんいてき》で、厳《おごそ》かな講話《こうわ》だろう」「ＮＨＫニュースのような話し方じゃないだろうか」と想像《そうぞう》していた。

まったく違った。

気さく。威勢《いせい》のいい江戸《えど》っ子《こ》の口調《くちょう》。各国訪問の模様《もよう》を語っても、ユーモアに次ぐユーモア。約二万人の会場は沸《わ》きに沸いた。旺盛《おうせい》なサービス精神に驚《おどろ》いた。

◇

二〇一〇年（平成二十二年）、その田原に、戦後《せんご》日本社会で創価学会が果《は》たした役割《やくわり》を尋《たず》ねた。

田原は、

「それはね、『座談会《ざだんかい》』ですよ」

と即答《そくとう》した。

「私が取材した座談会は、誰《だれ》でも集まれて、何でも悩《なや》みを話し合い、絶望《ぜつぼう》しかけた人が前向《まえむ》きになる、貴重《きちょう》な場だと思った。

取材の時も、その後、学会員の方々と付き合うなかでも、そう。貧《まず》しい人、病気の人、嫁姑《よめしゅうとめ》など家庭の争いゆえに不幸な人たちが、どんどん幸せになっていくと感じた」

「いい話じゃないですか」

「ドキュメンタリー青春」などで頭角《とうかく》を現《あらわ》し、「朝まで生テレビ！」や「サンデープロジェクト」で、テレビ・ジャーナリズムの新境地《しんきょうち》を切り開いた田原。この時の番組制作を含め、三度、池田を取材している。

「どの時も池田さんは、何でもお話しになった。一切《いっさい》、ためらわない」

その一端《いったん》は、実際に発表されたインタビューにも表れている（『「戦後五十年の生き証人」が語る』中央公論社）。

公明党議員から閣僚《かくりょう》が選ばれた時。創価学会の会合で池田が、

「大臣《だいじん》は皆さんの部下です」

と話したことがある。国会でも取り上げられた。そこを田原は突っ込んだ。これは公明党が学会に支配されている証拠《しょうこ》ではないか、と。

池田は、「いい話じゃないですか」と答えた。

池田　いい話じゃないですか。議員や大臣は公僕《こうぼく》でしょう。主権在民《しゅけんざいみん》だから、大臣より国民のほうが偉《えら》いのは当然だ。田原さんは、大臣のほうが上で国民が部下だと思われますか。大臣だって自分の選挙区にいけば、選挙民に最敬礼《さいけいれい》しているではありませんか（笑）。

田原　池田さんは「公明党閣僚は創価学会の幹部の子分だ」という意味で、そういったわけですか。

池田　とんでもない！　権力者のいいなりになっては絶対にいけないという意味だ。

ともかく議員や大臣を先生よばわりして偉くさせすぎてはいけないと思う。いつも選ばれた人に威張《いば》られて、選んだ人がばかにされてはかわいそうだ。

「池田さんは、ごまかさない。逃げない。真《ま》っ直《す》ぐに答える。だから『ああ、本物だ』と感じました」

マスコミによる創価学会バッシングについて田原は、「（学会に対する）いじめはあったと思う。今もあると思う」。

「今、不況《ふきょう》の日本しか知らない若い世代が増えている。幸福とは何か。何のために生きるのか。本気になって国中《くにじゅう》が考えなければならない時代になった。学会は、特に若者に方向を示し、『新しい幸《しあわ》せのかたち』をつくる役割を課《か》せられていると思う。そんな力《ちから》は、民主党にも自民党にもない。残念ながら、それは公明党の仕事でもない」

ぎろりと睨《にら》んで、畳《たた》みかけた。

「今こそ創価学会の出番《でばん》だと思いますよ」

◇

一九六四年（昭和三十九年）の十一月、公明政治連盟《こうめいせいじれんめい》が発展的解消《はってんてきかいしょう》を遂《と》げ、新たに「公明党」が結党された。

明けて六五年（同四十年）夏、七月。公明党として初めて挑《いど》む都議選、そして、参議院選挙の大勝負が控《ひか》えていた。

創価学会は五〇〇万世帯を突破《とっぱ》。機関紙の「聖教新聞」は、従来の週三回刊から日刊化へ踏《ふ》み出そうとしていた。

「破竹《はちく》」

と呼ぶに相応《ふさわ》しい発展のなかで、『人間革命』の連載はスタートする。
この昭和四十年を、池田は「勝利の年」と名づけた。

第三章

本当の敵は日本軍だった

「私は戦争のために、青春を完全に犠牲《ぎせい》にされた一人でございます。絶対に戦争だけはさせたくない」。池田大作の声が場内に響《ひび》いた。

一九七四年（昭和四十九年）二月九日、沖縄県名護《なご》市の北部会館。創価学会から東村立高江小中学校に一〇二四冊の本と五架《か》の本棚が贈られた。「聖教《せいきょう》新聞」創刊二十三周年の記念事業として、六日前の竹富町立大原中学校（西表《いりおもて》島）、四日前の伊良部《いらぶ》小学校（伊良部島）に続く、三校目の図書贈呈式である。

屋良朝苗《やらちょうびょう》県知事の歓迎から始まった七度目の沖縄訪問も、八日目にさしかかっていた。

沖縄の本土復帰から二年。池田のあいさつは自らの戦争体験に及んだ。「長男がビルマ（現・ミャンマー）で死んだ報《ほう》を聞いた母親の嘆《なげ》き。寡黙《かもく》の、父親の悲しみ……自分の生命に刻みつけました。戦争だけはしてはならない」。少年時代に肺を病《や》み、苦しんだことにも触れた。

「私も戦争中は本がまったく買えなかった……一青年として、青春を送る者として、

名護市の北部会館で行われた東村立高江小中学校への図書贈呈式。当時の渡具知市長は「沖縄の未来の人材の成長に期待と激励を寄せてくださった」と感謝の言葉を述べた（1974年2月）©Seikyo Shimbun

戦後も本は買えない。貧乏のどん底である。私は今でもその苦しみが身について、もしも社会に出て少しでも働ける身になったら、一生涯、子どもたちに本をどんどんどんどん贈りたい。これが私の念願でありました」

そして池田は「そういう私の少年時代、青春時代の心情を、心から喜んで受けてくださった貴校に対し、私は、私のほうから感謝を申し上げたいのであります」とあいさつを結んだ。

この日、池田はもう一つ、子どもたちに語りかける場を設けている。その場で池田は「自分たちの力《ちから》で本をつくってみないか」と呼びかけた。

「中学生、高校生が沖縄戦の聞き書きを」

宮城里子は創価学会名護会館の職員だった。「それは予定にない会合でした」と語る。図書贈呈式の後、名護会館の落成を祝う「山原祭《やんばるさい》」が行われた。にぎやかな出し物も終わり、名護会館に戻った池田。居合《いあ》わせた人々に「勤行《ごんぎょう》しようよ」と声をかけた。里子は大急ぎで外へ駆け出した。「会館近くのテントで『山原祭』に出演した子どもたちが着替えていたんです。高校生、中学生、小学生が三十人ほど集まりました」。

真新しい畳《たたみ》の上で〝予定になかった〟勤行会が終わった。池田は「中学生と高校生、手を挙げて」と促《うなが》し、「沖縄戦の歴史は、那覇《なは》では相当の権威ある本が出ています」と切り出した。

琉球《りゅうきゅう》政府が手がけた『沖縄縣史《けんし》』。第九巻と第十巻は沖縄戦をめぐる画期的な証言集である。一九七一年（昭和四十六年）に第九巻が出版されると、池田は「週刊読売」のエッセー（「きのうきょう」）でこの『沖縄縣史』を高く評価した（第二章で詳述）。

沖縄本島周辺の略図

池田は名護会館に集まった子どもたちに沖縄戦の歴史を語った。「十《じゅう》・十空襲《じゅうくうしゅう》」と呼ばれる一九四四年（昭和十九年）の那覇空襲。避難民たちが名護を含む中北部《ちゅうほくぶ》を目指し、名護街道や金武《きん》街道を埋めたこと――『沖縄縣史』（第八巻沖縄戦通史）には〈（山原では）餓死《がし》を目前にした同胞《どうほう》の、醜《みにく》い闘争が展開された。その意味では、戦火に追われて苦しんだ南部の県民よりも、もっと悲惨な目を見た、と言えるかも知れない〉と記されている。

さらに、相次ぐ空襲、海に並んだ無数のアメリカ艦隊からの砲撃《ほうげき》……沖縄戦の概要《がいよう》に触れた後、池田は提案した。「こういう状況を克明《こくめい》に、名護の後世のために、代々に伝えるために……お父さんやお母さんのためにも、戦争反対のためにも、事実の記録を、今から少しずつ聞いてまとめてみてはどうか」「（記録は）残っているようで断片《だんぺん》的ですね。また（記憶は）変形されてくる。生き証人もあと十年経《た》つとわからなくなる。忘れてしまう。だから今やりましょう」。

居合《いあ》わせた子どもたちの中には〈はなばなしい戦争映画や少年航空兵にあこがれていた〉男子高校生もいた。「コンバット！」などの戦争ドラマを見て、表面的に〈武器を手にした華《はな》やかな格好よさ〉だけを知っている女子中学生もいた。彼らが抱いていた「戦争」の印象は、池田が提案した「沖縄戦の聞き書き」に取り組むことによって、ことごとく打ち消されていく。「社会のためにも、歴史の上からも、名護の町のためにも重要な仕事ではないか……皆さんは名護で生まれ、勉強した。終戦当時のお父さん、お母さんの苦しみを、厳然《げんぜん》と残すべき権利もあるし、義務もある。そう思うが、どうですか。ぼくも応援してあげるから」。

◇

どの地域を取材すべきか。証言者は何人いるか。一冊でまとまるか。ページ数は。戦争当時の資料を集められるか。誰が面倒《めんどう》をみるか。

「今までにないものをつくろう」。池田はその場で細《こま》かいアドバイスを続けた。「海洋博覧会《はくらんかい》（＝一九七五年に開催）が行われる場所は（戦争で）蹂躙《じゅうりん》されて、めちゃくちゃになった。私は今の高校生、中学生が鋭い目で（沖縄戦の聞き書きを）つくることに意義があると思う」「立派な本として残すことを私は提案しておきたいのです」「三年、四年、五年かかってもいい」。

池田は一枚ずつメモを配り、それぞれの名前と決意を書いてもらった。「みんなもう大人だから。戦争の聞き書きを『やってみます』という人も、『私はできません』という人がいてもいい。当然です。全部、正直でいいです」と念を押した。

最後に、恩師である戸田城聖（創価学会第二代会長）の伝記小説『人間革命』を書き始めた十年前の思いを話した。「いずこの地で一枚目を書こうかと考えた。そうだ、もっとも日本列島のなかで、悲惨と苦汁《くじゅう》をなめた沖縄の地でしたためたいと思った。その一枚目が昭和四十年一月一日付の原稿なのです。この意味をどうか分かっていただきたい」（一九七四年三月五日付「大学新報」）。

創価学会が反戦出版の第一巻を世に問うたのは、この懇談の四カ月後である（第一巻は沖縄戦をテーマにした『打《う》ち砕《くだ》かれし　うるま島』）。青年部が手がけた全八十巻、婦人部の全二十巻、ジュニア版などを合わせて、総計一〇〇冊を超える、日本の出版史に残る企画となった（いずれも第三文明社刊）。

第一巻の『打ち砕かれし　うるま島』を手にした池田は、その見返しに〈創価学会は／平和反戦の／集団なり／此《こ》の書その証なり〉〈平和の　点火／いまここに燃ゆ／

君よ　この松明《たいまつ》を／生涯にわたって／持ち進め走れ〉と揮毫《きごう》している。

名護会館で池田は子どもたちに「何でもないようなことが五十年先に『ああ、あの時の意味はこれだったのか』と思うものです」とも語った。

宮城里子は「本当に先生の言われた通りでした。後になればなるほど、この聞き書きは価値を増しています」と語る。

里子自身、反戦出版の第一巻『打《う》ち砕《くだ》かれしうるま島』に寄稿し、編集も手伝った。そこに書ききれない原風景《げんふうけい》があった。

里子の父、桃榮《とうえい》は沖縄戦の終わった翌年、病死した。母のウトは名護の公設市場《こうせついちば》で働き、里子たちを育てた。

敗戦から三年目の冬のことだった。八歳の里子はウトに連れられ、共同トラックで摩文仁《まぶに》の丘——南部戦跡に向かった。ウトのいとこが「ひめゆり部隊」の犠牲者だった。

今は「沖縄師範健児之塔《しはんけんじ》」が立っているあたりに、大きなガマ（自然の洞窟《どうくつ》）があった。〈すすきにおおわれた細い坂道が海岸へ続き、ものさびた潮騒《しおさい》の音と、ぽっかりと口《くち》をあけた壕《ごう》……壕の中には白骨《はっこつ》と化《か》した頭《ず》がい骨が、山のように積まれていた。飯《はん》ごうや軍靴《ぐんか》は、木の根っ子のどこにもころがっていた〉（宮城里子の手記）。

「いくさや、ならんどー」

摩文仁の丘は、見渡すかぎり地上戦の跡がむき出しになっていた。
「かんぷう（＝沖縄の髪型）を結《ゆ》ったおばあたちが、ガマのふちにひれ伏していつまでも号泣していました。私は、頭蓋骨《ずがいこつ》の二つの穴が天空をにらみつけているようで、見てはならないものを見てしまったような罪の意識を感じたのです」（宮城里子）

なぜ、おばあたちがあんなに苦しまなくてはならないのか。里子は無性《むしょう》に悲しくなり、泣きじゃくった。その日から、母の浴衣《ゆかた》の袖《そで》をつかんでいないと眠れなくなった。おびえる里子が寝息《ねいき》を立てるまで、ウトは「大丈夫だよ。もう心配ないよ」とあやし続けた。中学校の修学旅行のコースにも摩文仁の丘が入っていた。里子はとても行く気になれず、バスの中で皆の帰りを待った。

平凡に暮らしているだけで、嫌《いや》でも戦《いくさ》の傷跡《きずあと》を目にした。「中学校にはまだ焼却《しょうきゃく》炉《ろ》がなくて、大掃除《おおそうじ》のゴミは裏庭に穴を掘って燃やしたのですが、穴を掘ると必ず人骨《じんこつ》が出ました」。家の畑仕事を手伝うと、振り下ろした鍬《くわ》がコツンと音を立てた。拾った骨を持って駆け寄る里子に、母のウトは「馬の骨よ」「牛の骨よ」と言いきかせた。「いくら母がウソをついても人の骨だということはわかりました」。

十五歳のころ、名護の自宅近くに一人の老婆《ろうば》が住んでいた。彼女との出会いを反戦出版に綴《つづ》った（『沖縄戦・母の祈り――娘が綴る母親の記録』）。

無口な老婆だった。いつもすりきれた下駄《げた》を履《は》いていた。

〈四人の息子を戦地に送り、帰って来たのは戦死の通知が四回。一人娘も戦争で死にました〉

子どもが大好きな老婆だった。よく近所の子たちに「わーんまが」（私の孫）と声をかけた。配給の粉《こな》ミルクを与え、頭をなでて、

「わーんまが、
いくさや、ならんどー」
（戦争は、もうこりごりだ）

と飽《あ》きることなく繰り返した。

〈十年ほどして老婆は死にました。看取《みと》る人もない孤独のなかで……小さな小さな身体でした。髪の毛も櫛《くし》の歯からスーッと抜けるほどに少なくなっていました〉

沖縄県民の二十五パーセントが命を奪われた沖縄戦。その苦しみは、戦争が終わった後も延々《えんえん》と続いた。

◇

「創価学会に入ったのは母が先です。私の姉の春子が産後《さんご》の高熱が続き、精神を病《や》んでしまったのがきっかけでした」（宮城里子）。公設市場の近くに住む知り合いが学会員だった。

ウトが御本尊《ごほんぞん》の前に座ったのは一九六一年（昭和三十六年）である。

「私は最初、反対しました。『信心で病気が治るものか』って」。ある時、里子は座談会に参加し、思い切って尋《たず》ねた。「赤の他人である戦争の犠牲者も、私が祈れば救われるのですか？」。その座談会を担当していた友利栄吉は「必ず救われる。それはとてもいいことだ」と言い、御書《ごしょ》（日蓮《にちれん》の遺文集《いぶんしゅう》）を通して仏法の生命観を語った。

友利は那覇支部の初代支部長である。「わからないことは何でも聞いてください。私がわからなければ東京の学会本部に問い合わせて、必ずあなたに答えます」とつけ加えた。「友利さんの誠実さに惹《ひ》かれてこの信心を始めました」（宮城里子）。

初めて池田と会ったのは東京である。「旧学会本部の二階で、先生と沖縄女子部の懇談会がありました」。

池田は「女性が幸せになる勝負は四十代からだよ」と強調した。「娘の時に『蝶《ちょう》よ花よ』と大切にされても、人生の最終章がみじめだったら幸福とは言えない。力をつけなさい」「結婚する人もしない人もいるだろう。他人と比べてうらやましがってはいけないよ」「創価学会は人間革命の団体なんだから、最初から立派な人が集まっているわけではない。なかには嫌《いや》な人がいるかもしれない。人は日々変わっていく。一面的に見てはいけないよ」「人の悪いところは見ようとしなくても目につく。いいところを見つけ出していきなさい」

二十分ほどの懇談だった。「私の原点です。悩んだらいつもあの日に返ります」と里子は述懐する。

それからしばらくして、聖教新聞で池田の次の一文を目にした。

私の反戦運動
平和運動は
美名《びめい》の国のためでもなく
一団体のためでもなく
今自分自身が

安穏無事《あんのんぶじ》であるという
償《つぐな》いのためといってよい――

この言葉を知り、「初めて罪悪感から解《と》き放《はな》たれた」という。

名護会館で池田から「戦争体験の聞き書きを」と言われた時、里子は女子部の本部長として沖縄中北部の一帯を担当していた。「全力で中高生たちを応援しました」。

「沖縄戦の本当の敵は日本軍だった」

名護市の西隣、本部《もとぶ》町の渡久地《とぐち》港から三十分ほど船に揺られると、伊江《いえ》島に着く。アメリカ軍が「血塗《ちぬ》られた丘」と呼んだ沖縄戦の激戦地である。里子は高校生八人をともなって、泊まりがけでこの伊江島にも出かけた。

那覇市の九割が焼き尽くされた「十・十空襲」。伊江島も甚大《じんだい》な被害を受けた。高校生たちにとって、知らない話ばかりだった。

〈朝になって……あたりを見回すと、方々《ほうぼう》に血まみれになった人びとが倒れていた。手がちぎれ、足がふっとび、首がない。顔のぐしゃぐしゃになった首が、目の前にころがっているし、向こうの松林の木の枝には足がひっかかっていた……私たちは恐怖にうち震えて身動きひとつできなくなるのであった。海岸も死体の山であった〉（山田初子）。〈アメリカ軍、そして味方の日本軍にまで踏みつけられつつ生きねばならなかった〉（上間真勇）。

各地で聞き書きを進めるにつれ、子どもたちは〈本当のことを口《くち》にしてはならない時代〉（岸本泰吉）のことを知っていった。

〈私はもはや二度と戦争中のことは思いだしたくありませんし、話したくもありませんᐩ〉（辺野古《へのこ》、金城ウト）——断る人も多かった。懸命《けんめい》に下調べをして臨《のぞ》んだが、一緒に暮らしている両親や祖父母がいったん口を開くと、想像も及ばない悲惨を知ることになった。

「聞き書きを」という池田の提案は、何よりもすぐれた平和教育だった。

日本軍は「沖縄の言葉を話す人間はスパイとみなせ」という指令を出していた。沖縄のいたるところで、何の罪もない人々が「友軍《ゆうぐん》」に虐殺《ぎやくさつ》された。アメリカ軍だけが敵ではなかったのである。

〈(日本軍は) 私たち沖縄の人間を、同じ日本人ではないと思っていたのかもしれない〉（国頭《くにがみ》、金城ウトミ）。〈間接的にせよ日本軍が沖縄のたくさんの人びとを死においᐩ

やっても同じではないでしょうか〉（久志《くし》、比嘉康則）。捕虜《ほりょ》になった後も〈昼は米兵の監視のもとに生活し、夜には暴徒《ぼうと》と化した日本兵に悩まされる毎日だった〉（伊江島、棚原正幸）。

軍隊は軍隊自身を守り、決して住民を守らない――反戦出版の沖縄篇は、どの巻にも、この教訓が刻み込まれている。

◇

子どもたちは名護より北に住む人々の声を二年かけて集め、三十四人の証言を活字にした。戦争体験を聞いた自分たちの感想も添《そ》えた。本のタイトルは『血に染《そ》まるかりゆしの海　父母から受け継ぐ平和のたいまつ』。「かりゆし」とは「めでたい」「幸せ」を意味する「うちなーぐち」（沖縄の言葉）である。

その冒頭《ぼうとう》を飾《かざ》った証言者は、創価学会員ではない。「私の祖母は学会には入りませんでした。しかし池田先生の提案された反戦出版には協力してくれました」と上原春樹は語る。

春樹は池田との勤行会に居合《いあ》わせた時、大学受験の浪人中だった。「自分にできることならやってみたいと思いました」。沖縄国際大学に入った後、祖母のシゲに戦争体験を聞かせてほしいと頼んだ。かわいい孫の頼みなのだが、シゲは何度も断った。

「池田先生が私たちに言われた『戦争の風化《ふうか》を防ぎ、先輩たちの体験を受け継いでほしい』という戦争否定の思いを伝えたことで、祖母の心が変わり、話してくれたのだと思います」（上原春樹）

上原シゲは糸満《いとまん》に住んでいた。家族で久志村《くしそん》（現・名護市）へ避難した。「祖父は海人《うみんちゅ》（漁師）でした。地上戦が始まると、日本兵が祖父の首に日本刀を当てて『食料を出せ』と脅《おど》したそうです」（上原春樹）。

〈沖縄戦がもっとも悲惨な様相《ようそう》をみせていた昭和二十年五月二十一日、長女が誕生しました〉。しかし、シゲは素直に喜べなかった。〈味方と信じていた日本軍は、敵に発見されるからといって泣きじゃくる赤ちゃんを殺してしまう〉からだ。〈アメリカ軍にせよ、ハブにせよ、さらには食糧難にせよ、それらは私たちの本当の敵ではなかったのです。沖縄戦の本当の敵、それはこともあろうに日本軍でした〉。

生まれたての赤ん坊はほとんど泣かなかった。〈手のひらに包まれるくらい小さな小さな子供でした。もはや長くは生きられまい、私は内心で思ったものです。が、一週間二週間とすぎるころから元気な泣き声をあげはじめたではありませんか。この泣き声がもとで日本軍に殺される当時でしたけれど、私はうれしくてうれしくて、飛びあがって喜びました〉。

自決か、捕虜か。選ぶ時が来た。〈当時、捕虜になるのは死より恥《はず》かしいことでしたけれども、日本軍に殺されるよりは、と山を降りました〉。聞き書きの最後にシゲは声をふりしぼった。

旧正月を祝う晴れ着の子どもたちを抱えて記念撮影。手作りの横断幕には「先生ようこそ」の文字が（1969年2月、名護町＝当時）©Seikyo Shimbun

〈現在、もし戦争が起《おこ》ったとしたら、その日に死んでしまいたい〉

春樹は自らまとめた証言を読み返し、「当時の自分には祖母が味わった地獄の十分の一も書けませんでした。しかし精一杯取り組みました」と語る。後年、沖縄創価学会青年部が取り組んだ「沖縄戦の絵」展に実行委員として参加し、巡回展の司会も務めてきた。

「人間という生き物には戦争がつきものかもしれません。仏法で『貪瞋癡《とんじんち》』(＝貪《むさぼ》り、瞋《いか》り、癡《おろ》か。「三毒」という) を説く通りです。しかしこの仏法思想が広がれば、必ず戦争の見方が変わる。私は幸いにしてこの沖縄で池田先生と出会い、被害の歴史をバネに、自分の生命《いのち》を磨《みが》く方法を知りました。どんな立場であろうと沖縄のために何かできるはずだと思っています」

名護《なご》の浜で待っていた三〇〇人の友

反戦出版の証言の多くは、それぞれの地で池田と出会い、祈り、生き抜いてきた人々の物語でもある。

〈すべてが私たちには秘密にされ、たえずどこかしらに憲兵《けんぺい》の鋭《するど》い眼が光っている名護の町。それは、沖縄のよその町でも同様であったことでしょう〉。『血に染まるかりゆしの海』でこう語ったのは、八十六歳の具志堅芳子である。夫の雍英《ようえい》とともに、草創期の名護のリーダーとして山原《やんばる》の町々を走った。

沖縄戦の時、芳子は十六歳だった。避難した壕《ごう》に赤ん坊がいた。反戦出版の聞き書きに応じた時、その壕で起きた出来事だけはどうしても話したくなかった。

ある親が、泣きじゃくるわが子を殺す瞬間を、芳子は目の前で見ていたのだ。『血に染まるかりゆしの海』には短く〈隠《かく》れ場《ば》を敵に感づかれないため、泣き叫《さけ》ぶわが子の命を断《た》つ父親……「泣くと殺されるヨー」と祈るように言いきかせる母親〉と証言している。

敗戦の六年後、芳子は雍英と結婚した。雍英もまた沖縄戦で傷を負った無数の若者の一人だった。銃撃戦で両足を撃ち抜かれたが、陸軍の壕に逃げ込み、ひと月ほどで歩けるようになった。戦線に戻った直後、手榴弾《しゅりゅうだん》の破片《はへん》が右手首を貫いた。

敗戦後、歯科技工士《しかぎこうし》の見習いとして病院で働き始め、芳子と出会った。四人の子に恵まれた。信心を始めたきっかけは長女の知的障《ちてきしょう》がいだった。

近所づきあいのあった学会員の誠意に打たれ、一九六一年（昭和三十六年）三月、家族で創価学会に入った。「一人で歩けるようになった」「小学校で話ができた」「歌が歌えるようになった」——長女が成長を刻むたび、皆で喜び合った。

池田を初めて名護に迎えたのは、ちょうどそのころだった。信心を始めてから八年

が経《た》とうとしていた。六九年（同四十四年）二月十七日。沖縄はまだアメリカの統治《とうち》下《か》である。雍英は妻の芳子と並んで名護港に立った。急ごしらえで「先生ようこそ」と書かれた横断幕が海風にはためいていた。

「九歳だった私は小学校の帰りに駆けつけました。小さな船から砂浜に降り立った先生は、出迎えた両親たちに『名護に会館を作ろう』と言われたそうです。父は何歳になっても『あの声の響《ひび》きは忘れられない』と話していました」（娘の桑江恵美《よしみ》）

◇

「池田先生は必ず来られると思っていました。二月十七日はちょうど旧正月で、大きな会合もなく『今日しかない』と。事前にそんな連絡は一つもなかったんで

名護の浜辺で会員を励ます。予定になかった初訪問にもかかわらず、
300人ものメンバーが駆けつけた（1969年2月）©Seikyo Shimbun

すが」。荻堂《おぎどう》美枝子は、知らせを聞いて母の仲程《なかほど》久子と一緒に名護港まで走った。

たしかに池田が訪れる予定はなかった。恩納村《おんなそん》の「いんぶビーチ」から乗った船の舵《かじ》が利《き》かなくなり、名護港に着いたのだ。にもかかわらず、浜辺には三〇〇人ほどが集まっていた。池田は

「みんなの一念はすごいな。題目に引き寄せられたな」と笑い、子どもたちの晴れ着姿に目を細めた。

美枝子は東京にある保育士の専門学校に合格したばかりだった。思いきって池田に声をかけ、そのことを告げた。「なぜ持っていったのか覚えていないのですが、小説『人間革命』の第四巻を持っていました」。池田は美枝子が小脇《こわき》に抱えていた『人間革命』を手にとり、見返しに〈生涯 名護を忘れずに信心を〉と揮毫《きごう》した。

その様子を眺《なが》めていた母の久子。反戦出版に「子を背負い弾雨《だんう》の中を逃げる」という一文を寄せている（『打ち砕かれしうるま島』）。

沖縄戦の当時、本部《もとぶ》半島の先にある瀬底島《せそこじま》に住んでいた。夫と離婚していた久子は、空襲が相次ぐようになると二人の子を連れて本島に渡った。呉我《ごが》山に隠れて暮らしたが〈どうせ死ぬのなら他の部落より島の方が良い〉と思い直し、海沿いの渡久地《とぐち》まで戻った時、アメリカ軍に銃撃《じゅうげき》された。

◇

〈六歳の男の子をおぶって夢中でかけていた私は、突然体の均衡《きんこう》を失い倒れてしまいました。「ここで死ぬのだろうか」。一瞬うすれゆく意識の中で私は背中の子供を確かめました。子供が無事だとわかると、すーと血の気の引くような感覚と鋭い痛みが全

身を走ります〉

太ももを撃ち抜かれていた。着物の袖《そで》をちぎって傷口をしばり、乳飲《ちの》み子を背負った。足をひきずり、這《は》うように逃げ続けた。辺名地《へなじ》の山道をさまよっていた時、とうとうアメリカ兵に見つかってしまう。久子の血だらけの足を見て〈兵隊たちは傷口《きずぐち》を消毒し包帯《ほうたい》をまいてくれました……瀬底島に辿《たど》りついた人たちは私が死んだものと思い、位牌《いはい》を作って二周忌《き》（三回忌）まですませていたそうです〉。

戦後、久子は名護で小料理屋を開いた。池田が初めて沖縄を訪れた二カ月後、創価学会にめぐりあう（一九六〇年九月）。娘の美枝子は、信心を始めた母が明るく変わっていく様子をよく覚えている。「母に連れられて行った座談会には、畑仕事からそのままやって来た人たちがたくさんいました。帰りにバスがなくなると、よく通りがかりのトラックにヒッチハイクを頼んで帰りました」。

本土復帰の直後、池田は沖縄の学会員たちを、東京の日本武道館《ぶどうかん》で行われた本部幹部会に招待した（一九七二年五月三十日）。久子はその時に参加した代表二十五人の一人である。

しばらくして青年部から反戦出版の呼びかけがあった。悩んだ末にペンをとった。末尾に〈（沖縄戦を生き延びた）この身を何か世のために役立たせたい〉と綴《つづ》っている。

その言葉通り、九十四歳の今も名護の地で、娘夫婦とともに朗々《ろうろう》と題目を唱える。

「外の爆弾のほうがまだ耐えられる」

保健師の宮城幸子は沖縄各地をはじめ、五十代からはボリビアやメキシコの公衆《こうしゅう》衛生《えいせい》看護活動に尽くし、厚生労働大臣表彰や医療功労賞を受けてきた。彼女もまた名護で池田と出会い、信仰を深めた一人である。

「私には父の記憶がありません。私が生まれて五十日目に、口永良部島《くちのえらぶじま》の海で亡くなったんです」。その日、幸子の父は湖南丸《こなんまる》という船に乗っていた。湖南丸は戦争中、那覇と大阪を行き来する貴重な交通手段だった。一九四三年（昭和十八年）十二月、アメリカの潜水艦に魚雷《ぎょらい》を撃ち込まれ、五七七人が命を落とした。わずか数人が生き延びたが、警察や憲兵《けんぺい》から「誰にも話すな。手紙も書くな」と口止《くちど》めされた。一五〇〇人近くが犠牲になった対馬丸《つしままる》をはじめ、数多くの「戦時遭難船舶《せんじそうなんせんぱく》」の悲劇は戦後も長く知られることがなかった。

幸子は、女手ひとつで四人の子を育てる母の背中を見て育ち、奨学金《しょうがくきん》で学べる看護学校に進む。池田が「戦争体験の聞き書きを」と呼びかけた七四年（同四十九年）

の名護訪問で、初めて池田を間近に見た。

「名護でお会いした五年後、池田先生は第三代会長を辞任されますが、東京で大きな会合があった時、聖教新聞社のロビーでたまたま先生とお会いしました」。池田は幸子たちに「はるばるようこそ」と声をかけ、記念のカメラに納まった。「沖縄のメンバーと肩を抱き合う先生の姿が、今も目に焼きついています。『やっぱり先生は変わらないね』と皆で喜びました」。

池田の妻、香峯子の「勝たなくてもいいから、負けないこと。どんな事態、状況になっても負けない一生を」という言葉が、ボリビアやメキシコで文化の壁を超える力《ちから》になったと語る。「私の人生で一番良かったことは、この信心とめぐりあったことです」。

◇

「わんが さんねー たーがすが（私がやらなければ誰がするのか）」。九十五歳になる湖《こ》城《じょう》登美《とみ》の口癖である。これまで池田は名護を五回訪れた。登美は地元の中心者の一人として、多くの行事を陰《かげ》で支えてきた。娘の睦子から戦争体験の執筆を頼まれた時は、何度も原稿を書き直した。登美の手記は反戦出版『沖縄戦・母の祈り――娘が綴る母親の記録』に収められた五十九組の証言の中で最も長く、十二頁《ページ》に及ぶ。

登美は一九二〇年（大正九年）、那覇の大地主の家に生まれた。十四世紀末、中国の福建省《ふっけんしょう》から那覇の久米村《くにんだ》に移住した「久米《くめ》三十六姓《せい》」の末裔《まつえい》で、祖父《そふ》の代まで唐《トー》名《ナー》もあったという。さらに登美は創価学会に入る四十五歳まで、一族の「神子《カミングワ》」を務めていた。「神子《カミングワ》は、商売のユタとは違います。母は『シヂ高《だか》さん』（霊力が強い）といわれ、四歳から御願《ウグワン》グトゥ（先祖供養などの行事）のちーく（お稽古《けいこ》）をさせられていたそうです」（湖城睦子）。

登美の家族は「十・十空襲」の後、県庁に勤める親戚《しんせき》から「軍についていったほうが安心だ」と勧められ、島尻《しまじり》（沖縄本島の南部）へ向かう。

「糸満の南山城《なんざんじょう》跡を通り過ぎる時、母の祖母は『私たちの先祖の城だね』と言い、城に向かって『先祖がマササミセーラー（力があるなら）、クヮーンマガ（子孫）をマムリミソーリヨー（守ってください）』と大きな声で言ったそうです」（睦子）

避難生活では親切な日本兵に助けられたこともあった。「子どもがいるんだから決して死んではいけない」といたわってくれた、その中尉《ちゅうい》は、しばらくして右足だけが遺体《いたい》として戻ってきた。

二十四歳の登美は、糸満の自然壕《しぜんごう》で信じがたい光景を目にする。壕の底のほうに日本兵がいた。

〈(日本兵の) 食糧《しょくりょう》は豊富らしく、無煙《むえん》燃料で盛んに料理をしておりました。避難民のなかには、母親の乳が出ないため泣き叫《さけ》ぶ赤子や、食を求めて泣く幼児がいました。その声を聞きつけた兵隊が、下から上《のぼ》ってきて母親から子供を奪い取り、泥水《どろみず》の中に投げ捨て、子供を殺してしまうのでした。

母親は悲しみのあまり発狂《はっきょう》してしまいました。すると、兵隊はその母親まで壕の外にほうり出してしまったのです……あまりの恐ろしさにどうにも我慢《がまん》できず、三日ほどして頼みとしていた壕を捨てたのでした。私たちには、外の爆弾のほうがまだ耐えられると思ったのです〉

登美は逃避行の渦中《かちゅう》、祖母を失った。米須《こめす》でアメリカ軍の捕虜になり、糸満国民学校に収容された。〈その晩は雨になり、沖縄中の人びとの涙がすべて雨になって降るのではと思うほどの大雨でした。長いあいだ戦火に追われてきた人びとのなかには、安堵感《あんどかん》に精根《せいこん》尽き果てたのか、雨に打たれながら、そのまま死んでいく人もたくさんいました〉。

「知らない」ことは「存在しない」こと

「母が私たちきょうだい三人を育ててくれました」（湖城睦子）。母の登美は日本との貿易業など、さまざまな仕事を手がけたが、知人の保証人を引き受け、夜逃げされてしまう。本土復帰前の計算で二十二万ドルもの負債《ふさい》を抱えた。さらに息子が色弱《しきじゃく》のため、希望する進路に進めず、心を痛めた。「もうどうしようもないという時に、屋《や》嘉比《かび》安子さんという婦人部の方から『どんなに力《ちから》があっても、福運がないとだめなんですよ』と言われ、学会に入りました」。一九六五年（昭和四十年）のことである。

一門の神子《カミングワ》が「ヤマトゥガミ」（本土の宗教）を選んだ——言うまでもなく一族からは猛烈《もうれつ》に反対された。「先祖への御願《ウグワン》グトゥでは自分自身の悩みを解決できなかった。母はこの悔いを晴らすために、創価学会の信心に懸《か》けようと決めました」（睦子）。

登美はやがて名護城《なんぐすく》跡の近くでコテージを営《いとな》むようになり、家計もようやく上向くようになった。弘教《ぐきょう》した人の数は九十人に迫る。反戦出版をはじめとする平和運動も、自分が取り組むだけでなく、同世代の知り合いに「私たちがしなければ、誰がするの」と訴えて回った。

五度の名護訪問に限らず、登美と娘の睦子は池田からの励ましを受け、ともに名護の婦人部長を歴任してきた。ある年に、池田の妻である香峯子から届いた年賀状。〈……花の王者、向日葵《ひまわり》のような明るさと強さを持ち、わが生命の勝利の太陽を輝かせゆく本年であられますように〉と記されている。「毎年、この思いだよ」。登美は朗らかに笑った。

◇

「何事にも活発な母ですが、戦争体験のなかで唯一、口《くち》にしないことがありました」と湖城睦子は語る。「摩文仁《まぶに》の丘に『平和の礎《いしじ》』を訪れた時のことです」。

「平和の礎」――国籍や、軍人、民間人の区別なく、沖縄戦などのすべての犠牲者の名前を刻んだ沖縄県の記念碑である（一九九五年に完成）。

長い石碑《せきひ》が途切れると、波の音に包まれ、視界いっぱいに摩文仁の海が広がる。左手には崖《がけ》が見える。しかし登美は、その美しい海を絶対に見ようとしなかった。きびすを返し、一度も振り向かなかった。

「母は一度だけ小さな声で話してくれました。沖縄戦の渦中《かちゅう》、追いつめられた若い母親たちが、摩文仁の崖からわが子をあの海に放り投げ、自分も身投げする地獄絵図《じごくえず》を見たのです。このことは反戦出版にも書けず、沖縄戦の絵でも描《か》けませんでした。

人一倍、声も大きく、よく話す母ですが、このことだけは人前で話しません……」。睦子は声を詰《つ》まらせた後、こう語った。「被害を受けた人々が発信するのは大変なことです。しかし『知らない』ことは『存在しない』ことになります。戦争体験の継承は、沖縄の私たちがやらずに誰がやるのかと思っています」。

◇

一九六九年(昭和四十四年)二月――名護の浜で三〇〇人の思いがけない歓迎を受けた後、池田はコザ市(現・沖縄市)にも向かった。コザもまた、予定になかったにもかかわらず、池田が視察したコザ会館(現・中頭《なかがみ》文化会館)の建設予定地には五〇〇人が集まり、即席の指導会になった。その中に花城康明とシゲの夫妻がいた。五七年(同三十二年)から信心を始めたコザの草分けの一人である。

「かつて沖縄では闘牛《とうぎゅう》が盛んでした。負け知らずの『ゆかり号』という牛がいて、学会員になった後、父についたあだ名が『ゆかり号』でした」と娘の伊志嶺《いしみね》美恵子が語る。

沖縄戦の時、花城康明は十六歳の少年兵だった。戦後、得意な英語を生かして通訳や学校の教師をしたが、酒癖《さけぐせ》が悪かった。「見かねた父の学校の同僚が折伏《しゃくぶく》してくれました。母は最初、信心に反対していましたが、父の酒飲みがみるみる治り、母も始

コザ会館（現・中頭文化会館）を訪れた池田。手の甲に「ハジチ（入れ墨）」の風習の残る高齢者らと和やかに語り合う（1972年1月）©Seikyo Shimbun

めました」（美恵子）。

康明は〈山ほどあった借金も、全部返済することができました〉〈もし、先生にお会いしていなかったら、いま思うだけでも、身の毛もよだつ〉と手記に綴っている。

池田が沖縄を初訪問した二年後（一九六二年）、康明は公明政治連盟の初の候補としてコザ市議選に出馬し、トップ当選を果たす。議員時代に反戦出版の呼びかけがあった。康明は「黒こげになった学友」と題し、妻のシゲは「雨のように降る銃弾《じゅうだん》の中を」と題し、それぞれ証言を寄せた。康明は議員を終えた後も聖教新聞沖縄版の

「孫に語り継ぐ沖縄戦」に登場し、少年兵時代の体験を語っている。

――摩文仁に追いつめられ、食料も底をつき、上等兵から「貯蔵所《ちょぞう》から米を取ってこい」と命令された。深夜、十数人で貯蔵所に向かった。戻る時、アメリカ軍に見つかり、一斉射撃の標的《ひょうてき》になった。気がつくと康明は死体の山の中にいた。親友の腹が裂《さ》けていた。

〈夢中で内臓《ないぞう》を腹の中へ押し戻し、足に巻いていた脚半《きゃはん》をはずし腹に巻き応急処置をしました。重たい米を捨て、負傷した友人を抱えながら必死に歩きました……その後、どうにか摩文仁に戻り上等兵に報告をすると、「肝心《かんじん》の食料を捨て、食料を食いつぶす負傷兵を連れてくるとは何ごとだ」と、スコップで何度も体中を殴《なぐ》られました。その時の怒りは、今でも忘れられません。それから、間もなくして友人は苦しみながら息を引き取りました〉（二〇〇九年六月十九日付）

「『じいちゃんの話を聞いて戦争をしてはいけないことがわかった。ぼくは人の命を救う仕事に就《つ》きたい』と言っていた息子は、いま東京で介護福祉士《かいごふくしし》をしています」

（伊志嶺美恵子）

日本を守ったのは、沖縄の皆さまであられる

〈元来、戦争でもっとも犠牲を強《し》いられるのは、つねに民衆である。決して国家の中枢《ちゅうすう》にある権力者ではない。権力者は時代をたくみに泳ぎ、必ず保身を図《はか》っていく。その構図を、ひときわ鮮烈《せんれつ》に感じさせるのが、かの沖縄戦である〉(『池田大作全集』第七十巻)

〈先の大戦でアメリカ軍は沖縄を侵攻《しんこう》した。あまりにも残酷な、あまりにも痛ましい犠牲であった。日本を守ったのは、沖縄の皆さまであられる。そのことを私は、声を大にして叫び、後世に残しておきたい〉(同、第八十四巻)

自分の生まれ育った地で引き起こされた地上戦の一端《いったん》を、多くの学会員の手助けを得《え》ながら、名護の中高生たちは自らの手で浮《う》き彫《ぼ》りにしていった。池田の提案が一冊の本となり、発刊されたのは一九七六年(昭和五十一年)六月二十三日である。

〈ユニークな沖縄戦記録集が出た〉——当時の「琉球新報」には次のような書評が載《の》った。

〈(本書のすぐれた点は)①従来、空白にひとしかった国頭《くにがみ》地方に取材地域をしぼって

いること、②時期を十・十空襲から戦後の二十年末までひろげたこと、③庶民《しょみん》生活レベルでの戦争体験に焦点をあてていること、などで、従来の記録の空白を埋めるばかりでなく、一歩深く戦争の実相《じっそう》に踏《ふ》みこむことに成功している。意欲的な企画・編集部のゆきとどいた配慮《はいりょ》によるものであろう〉

〈″戦争を知らない子供たち″に県民体験をどう語り継いでいくか緊要《きんよう》な課題となっている。本書にはその新しい可能性の芽《め》ばえがある〉（一九七六年七月十一日付）

高校生が編纂《へんさん》した創価学会の反戦出版には、他にも『平和への誓い 高校生が記録する岡山空襲』『広島の願い 高校生と被爆《ひばく》三十一年』『私が聞いたヒロシマ 高校生が訴える平和への叫び』『ナガサキを語り継ぐ高校生による平和の叫び』『平和への礎《いしずえ》関西高校生１２０人の聞き書き』などがある（第三文明社刊）。

◇

「ありったけの地獄を一つに集めた」といわれる沖縄戦。アメリカ軍が慶良間《けらま》諸島に上陸し、地上戦に突入したのは一九四五年（昭和二十年）三月二十六日である。渡嘉《とか》敷《しき》村で、座間味《ざまみ》村で、日本軍の脅しや命令により、住民たちが次々と「集団自決《しゅうだんじけつ》」（強制集団死）に追い込まれた。

五十年後の同じ日――池田は沖縄にいた。記念総会のスピーチで〈青年よ忘れるな、ほど権力の残酷《ざんこく》さを〉と訴えている。

〈ただ一点、将来のために一緒《いっしょ》に確認しておきたいことがある。それは、沖縄戦沖縄戦ほど「日本の権力の魔性《ましょう》」を雄弁《ゆうべん》に証明したものはない、という事実である。それは、なぜ、あれほどの犠牲者が出たのか。それは、「日本の本土を防衛《ぼうえい》するため、なるべく長く、米軍を沖縄に釘付《くぎづ》けにしようとした」戦略からであった。初めから、そういう作戦であった。沖縄の国土は本土のために〝捨て石〟にされ、〝盾《たて》〟にされ、〝手段〟にされたのである……「日本の軍隊は『国民を守る』軍隊ではなく、『権力者を守る』ための軍隊であった」――これが根本の事実である。私は、「二度とだまされてはならない」「断じて許してはならない」と叫びきっておきたい。戦後も「日本を守るため」の名分《めいぶん》のもと、日本にある米軍専用施設《しせつ》・区域の七五パーセントが、日本の国土の〇・六パーセントしかない沖縄に集中している〉（『池田大作全集』第八十五巻）

続けて池田は、小説『人間革命』を沖縄で書き始めた理由を語った。〈倒幕《とうばく》を可能にした薩摩藩《さつまはん》の経済力も、琉球を支配して得た利益の賜《たまもの》であったことは歴史上の事実である。こうした事例からも、〝沖縄があったからこそ、明治維新《いしん》もあり、日本の近代化もあった〟と言われている。

ところが、日本は恩を知るどころか、一貫して沖縄を利用し、踏《ふ》みつけてきた。この歴史を断じて繰り返させてはならない。

「権力の魔性」は、残酷である。そのことをいちばん、心の奥底《おうてい》で、肌身《はだみ》で知っておられるのが、沖縄の皆さまである。私が小説『人間革命』をこの地で書き始めた理由も、沖縄がいちばん「権力の魔性」によって苦しめられた国土だからである。小説『人間革命』は、「民衆による『権力の魔性との闘争』」を描く小説だからである〉（同）

◇

「権力の魔性」をどう見抜くか。牧口常三郎（創価学会初代会長）、戸田城聖、池田大作と続く師弟の志《こころざし》を、沖縄の地でどう受け継ぐか。反戦出版に続いて沖縄の青年部が取り組み、内外に大きな反響を呼んだ平和運動があった。

その企画には、ひめゆり学徒隊《がくとたい》の引率《いんそつ》教師として多くの教え子を奪われ、「ひめゆり平和祈念資料館」の礎《いしずえ》をつくった言語学者の仲宗根政善《なかそねせいぜん》や、沖縄を代表する平和学者である大田昌秀らが全面的に協力した。

「沖縄戦の絵」展である。

第四章

戦争は戦後も続いた

桑江朝昭《ちょうしょう》は朝から機嫌《きげん》が悪かった。「創価学会？　なぜヤマトゥガミ（本土の宗教）の集まりに行かねばならん」。そう思いながら、妻の千代と長男の豊を連れて那《な》覇《は》行きのバスに乗った。

三男の久《ひさし》が生後十九日で、長女のちえみが生後五カ月で亡くなり、妻の千代は家に閉じこもるようになった。朝昭は町議会議員も務めた与那原《よなばる》の名士《めいし》だが、仕事も行き詰まり、酒に溺《おぼ》れた。「私たち夫婦を見かねて、夫の後輩の新垣政栄さんが折伏《しゃくぶく》に来てくれました」（千代）。朝昭は何度も追い返したが、話を聞いた千代は試してみたいと思った。そしてこの日、夫に「池田会長という人が来るらしい。ぜひ一緒に来てほしい」と頼み込んだ。

次男の昭がはしかにかかっており、朝昭はその看病《かんびょう》を口実に断ろうとした。だが、ひょっこり訪ねてきた朝昭の姉が「昭は私が看《み》てあげるから一緒に行ってあげなさい」と言い出し、断れなくなってしまったのだ。

同じころ、池田大作は那覇市内の体育館に向かう準備をしていた。一九六〇年（昭和三十五年）七月十七日――創価学会沖縄支部の結成大会である。

第三代会長就任から二カ月。当時の沖縄はアメリカの統治下にあった。池田にとって初の「海外」指導である。じつはこの年、上半期で最も折伏を進めた地区は「沖縄地区」だった。池田は出発前の羽田空港ロビーで、「日本の支部が沖縄の支部より折伏が少ない場合は、沖縄へ行って勉強してくるようにしたい」と話している。そして同行した幹部たちに「三日間で三年分の仕事をするよ」と語っている。

生き残った者の使命――日本に二度と戦争を起こさせない

「結成式が行われた学校の体育館は満員で、私たちは校庭にいました」（桑江千代）。参加者の数は一万二〇〇〇を超えた。校庭にゴザが敷《し》かれ、仮設トイレも作られた。五歳の豊が「おしっこに行きたい」と言い出し、朝昭は人混みをかき分け、トイレに連れて行った。

席に戻る途中のことだった。白い開襟《かいきん》シャツを着た男性が朝昭の前で立ち止まり、豊の頭をなでた。「ぼうや、お父さんと来たの？」。朝昭は笑顔のその青年――池田大作をまじまじと見つめた。「しっかり勉強して、将来、立派な人になるんだよ」。豊が

「はい」と返事すると池田は朝昭の目を見つめ返し、足早に体育館の中へ消えた。「席に戻ってきた夫は呆気《あっけ》にとられた様子で『たーやが』（誰だろう）と首を傾《かし》げていました」（桑江千代）。

支部結成大会が始まった。壇上に立った池田はこう切り出した。——沖縄の国土は今、アメリカの土地になっておるようでもあるし、日本であるような気がするし、法律の上ではよくわかりませんが、いずれにしても、住んでいる方々は同じ日本人です——。場内も校庭も、大きな拍手が起こった。「創価学会が大きくなれば他はどうでもいいとか……そんな小さい考えではございません。日本の民族を、祖先のためにも子どものためにも、繁栄《はんえい》させ、幸福にしていきたい。また全世界のためにも貢献《こうけん》していきたい。これが創価学会の使命なのであります」。

池田は、初代会長の牧口常三郎と二代会長の戸田城聖《じょうせい》が軍国主義に抵抗《ていこう》し、牧口は獄死《ごくし》し、戸田は二年投獄《とうごく》されたことにも触れた。桑江朝昭は戸惑《とまど》った。それまで思い込んでいた宗教と、まるで違う。

「私どもは沖縄といっても、なんら遠くには考えられません」——さらに池田は、宗教について考える基準である「文証《もんしょう》・理証《りしょう》・現証《げんしょう》」について時間をかけて語った。

「会合の行きと帰りで夫の様子は変わっていました」（千代）。ひと月後、朝昭と千代

沖縄支部の結成式で、1万2000人の会員に語りかける池田（1960年7月、那覇市）。滞在中、池田は「沖縄の同志よ団結せよ」と書き贈った ©Seikyo Shimbun

は創価学会に入る。

◇

桑江朝昭は戦争中、沖縄県立第二中学校（現・那覇高校）に通っていた。鉄血勤皇隊《てっけつきんのうたい》に志願し、地獄を見た。〈与那原から（司令部のある）首里《しゅり》に向かう道には、一キロにわたって兵士が折り重なって死んでいました。私たちはその屍《しかばね》を越えて戦いに行ったのです〉（朝昭の手記）。〝同期の桜〟は一四三人。生き延びたのはわずか十六人だったという。朝昭に弘教《ぐきょう》し、ともに島尻《しまじり》（沖縄本島の南部）の創価学会の草創期を担《にな》った新垣政栄もまた、一中（現・首里高校）の鉄血勤皇隊だった。戦争で母、姉、妹を失っている。

沖縄にあった男女合わせて二十一の中等学校から、一九〇〇人を超える生徒が学徒隊として動員され、過半数の九八一人が戦死した。当時の日本が、十五歳以上の男子、十七歳以上の女子まで動員できる「義勇兵役法《ぎゆうへいえきほう》」を公布《こうふ》したのは、一九四五年（昭和二十年）の六月――沖縄戦はすでに最終局面を迎えていた。〈沖縄戦では「義勇兵役法」が先取りされる形で、男女学徒が動員されたのである〉（ひめゆり平和祈念館資料集4「沖縄の全学徒隊」）。日本軍は、法的な根拠がなかったり、あいまいなまま、沖縄の子どもたちを戦場に駆り出したのだ。

朝昭の右腕と背には大きな傷が三つ残った。親友を奪《うば》われ、青春を奪われ、学問を奪われた。「夫が創価学会を『ヤマトゥの宗教だから』と嫌《きら》ったのは、無理もなかったと思います」。そう語る千代もまた、沖縄戦で母と弟を奪われている。

敗戦後、朝昭は米軍基地の通訳官として、千代は米軍将校《しょうこう》宅のハウスメイドとして働いた。創価学会に入ってからは、新しく二人の子に恵まれ、自宅を島尻に住む学会員たちの中心拠点にして賑《にぎ》やかな日々が始まった。

千代はある日、朝昭が御書《ごしょ》（日蓮《にちれん》の遺文集《いぶんしゅう》）を手に泣いているところを目にする。

〈若干《そこばく》の人の死ぬるに今まで生きて有《あ》りつるは此《こ》の事にあはん為《ため》なりけり〉

法論に挑《いど》む弥三郎《やさぶろう》という門下に日蓮が送った手紙である（弥三郎殿御返事、御書一四五一ページ）。――ああ、あの戦争で生き残ったのは使命があったからだ。私たちには、日本に二度と戦争を起こさせない使命がある――夫婦で確かめ合った。

二人は長年、子どもたちに戦争体験を話すことはなかった。きっかけは沖縄創価学会青年部が取り組んだ「沖縄戦の絵」展だった。朝昭が描いた三枚の絵が『沖縄戦記録画集「打ち砕かれしうるま島」』（第三文明社）に収録されている。「爆風で木の枝にぶらさがった女性、死んだお母さんの横でお乳《ちち》を探す赤ちゃん……とても悲惨な絵でした。あの絵をきっかけに、私たちは初めて父や母に戦争体験をくわしく聞きました」（娘の美奈子）。

千代は「四人の子は全員、池田先生が『平和を守るフォートレス（要塞《ようさい》）』といわれた創価大学を卒業しました。夫と私の誇りです。ちばたんどー（頑張ったよ）」と笑顔で語る。

夫の朝昭は生前、池田への思いを手記に綴《つづ》っている。〈戦後、どこのだれが、これほどまでに〝沖縄の心〟を歓喜に満たしてくれたであろう。私は、この一点だけは鋭く歴史に刻印《こくいん》していかねばと思っている〉。

反戦出版。「沖縄戦の絵」展。数々の平和運動を通して浮《う》き彫《ぼ》りになった池田と弟子たちの物語をひもとく。

南部《なんぶ》戦跡《せんせき》での出会い

宮古島出身の伊沢ナツ。沖縄支部が結成されたその日に信心を始めた。「あの日、宮古からは十五人が参加しました」。すでに入会していた夫とともに支部結成大会に参加し、校庭で池田の話を聞き、そのまま入会した。

池田との忘れがたい出会いは南部戦跡でのことだった（第一章、第二章で詳述）。「池田会長が訪れる」と聞いて南部戦跡に集まった多くの学会員のなかには、沖縄戦で片腕を奪われ、もう片方の手でわが子の手を引いて駆けつけた婦人部員もいた。

ナツは「沖縄師範健児之塔《しはんけんじのとう》」で池田と間近に接する。「健児之塔には、私の小学校時代の幼《おさな》なじみの名前も刻まれています。池田先生は健児之塔の壕《ごう》に入られました。右手に数珠《じゅず》を持ち、左手でクモの巣を払い、題目を唱えながら歩く……それが、私が初めて見た先生の姿です。壕から出てきた先生の左手にはクモの巣がからまっていました。八十九歳になった今も目に焼きついています」。

この人は他のヤマトゥンチュ（本土の人）と違う。私たちのことをわかってくれる。ナツはそう感じた。

池田はのちに語っている。

「沖縄の地には、ある意味で、どの地よりも、苦しみぬいて亡くなった方々が多いといえる。生命は永遠である。その方々の死後の生命を断じて救ってあげなければならない」「慈悲《じひ》の回向《えこう》は、題目による以外に絶対にない。私も祈る。皆さま方も祈ってあげていただきたい。沖縄の地に眠るそうしたすべての方々を「抜苦与楽《ばつくよらく》」していくことによって、この国土の福運をも増していく」（『池田大作全集』第七十巻）

「回向」とは、自らの行動による功徳を回《めぐ》らし向けて、死者を成仏に導くことをいう。

「抜苦与楽」は、「苦しみを抜き、楽しみを与える」仏や菩薩の働きである。

「沖縄戦の絵」展で、伊沢ナツは那覇から台湾に向かう船を描いた。台湾に疎開《そかい》した人々は、日本が負けた後、「琉球難民《りゅうきゅうなんみん》」と呼ばれるほど困窮《こんきゅう》を極めた。「食べるものがなくて、バナナの皮まで煮《に》て食べました。まともな医療設備がなく、何人も病死しました。疎開のことを思い出すと、今でも胸がつまってしまって……」。八十九歳のナツはそう言って、しばらく目をつむった。

宮古島の草創の一人として、一五七世帯の弘教《ぐきょう》を重ねてきた。「私の折伏《しゃくぶく》の原動力は、池田先生の励ましと、苦しい疎開の体験でした。なんとしても相手を救わねばならない場合がある。その時を逃さず、祈り、対話してきたつもりです」。

沖縄女子部の草分けである久保田淑子も、南部戦跡を訪れた池田に同行した一人である。

一九六五年（昭和四十年）一月、聖教新聞に小説『人間革命』の連載が始まった。第一回を読んだ久保田は思わず「あっ」と叫《さけ》んだ。

「そこには、沖縄戦で私が痛感したことがそのまま書かれていたのです。『人間革命』が沖縄で書き始められたことはまだ知りませんでした。しかし、先生はひめゆりの塔や健児之塔で題目三唱された時、きっとこの冒頭に書かれた通りのことを祈られていたのだと確信しました」

民間交流が一番大事

「池田先生が小説『人間革命』を書き始められたのは昭和三十九年、四度目の沖縄訪問の時でした。昨年（二〇一四年）は執筆開始から五十周年でしたね」

那覇市内の沖縄国際平和研究所。理事長の大田昌秀は八十九歳とは思えない壮健さで語り始めた。

「初めて沖縄を訪問された昭和三十五年、健児の塔やひめゆりの塔をご覧になったとうかがっています。その時の思いが『戦争ほど、残酷なものはない。戦争ほど、悲惨なものはない。だが、その戦争はまだ、つづいていた。愚かな指導者たちに、率《ひき》いられた国民もまた、まことに哀《あわ》れである』という一節に結晶したのだと思います。池田先生の著作のなかで私が最も感銘を受けた文章です」

大田は沖縄を代表する平和学者である。県知事時代、恩納村《おんなそん》の沖縄研修道場で池田と会談した（一九九一年二月八日）。「あの美しい道場は何度も見学しました。池田先生はアメリカ軍の核兵器の基地を壊《こわ》さず、そのまま平和を学ぶための道場に作りかえられた。画期的です」。

核ミサイル「メースB」の発射基地は、沖縄に四つあった。〈読谷村《よみたん》に加え、恩納村、現在のうるま市、金武《きん》町の県内計4カ所に基地が造られ、各8基のメースBが配備。計32の発射台は東シナ海の向こうの中国とソ連をにらんだ〉(二〇一五年三月四日付「沖縄タイムス」)。三つは壊され、一つが創価学会の研修道場に生まれ変わった。

創価学会の総沖縄長を務める桃原正義。「八つあった発射台の一つを、当時、道場に来られた方に使っていただける喫茶室《きっさしつ》にしていました」と述懐する。池田はその喫茶室で大田と語り合った。同席した山崎尚見は語る。「池田先生は大田さんに『このような狭い場所ですみません。しかし、長年、平和について研究してこられた方《かた》だからこそ、ここでお迎えしたかったのです』と言われました」。

◇

日本の敗戦後、沖縄はアメリカの軍政下《ぐんせいか》にあり、日本国憲法が適用されなかった。「ひめゆり学徒隊の引率教師だった仲宗根政善《なかそねせいぜん》先生から、密貿易《みつぼうえき》の船で那覇に運び込まれた日本国憲法のコピーを見せていただいた時の感動は忘れられません」と大田は語る。「戦争の放棄《ほうき》、基本的人権、国民主権……それまで聞いたこともない言葉を、沖縄戦を生き残った学友たちと奪い合うように書き写しました」。

「平和の文化」の発信地となっている創価学会の沖縄研修道場は、かつて米軍の核ミサイル「メースB」の発射基地だった（写真は1969年撮影、恩納村）。「反戦出版では作家の大城立裕さんにもアドバイスをいただいた」と総沖縄長の桃原正義は語る。「ある戦争体験の原稿に、友の戦死を『壮絶な死』と書いていた箇所があり、厳しく指摘されました。『これは戦争の犠牲を美化する表現です。使ってはいけません』と」©Seikyo Shimbun

沖縄創価学会が取り組んできた反戦出版や「沖縄戦の絵」「沖縄戦と住民」「女たちの太平洋戦争」などの展示運動に全面的に協力してきた。最も印象に残っている行事は一九八三年（昭和五十八年）、沖縄市陸上競技場で行われた「雨の文化祭」だという。「文化祭が終わった後、池田先生は『平和だからこそ、こうした文化祭もできます』と言われました。まったくその通りです」。

多分野にわたって活躍し続けてきた大田だが「鉄血勤皇隊の生き残りとして、常に『今、生きている意味』を考えざるを得なかった」と語る。「その意味でも池田先生の行動はたえずフォローしてきました。私は周恩来《しゅうおんらい》を中国の抜きん出たリーダーとして尊敬しています。池田先生は昭和四十九年、その周恩来と話し合うことによって中国と非常に深い友好関係を結ばれた。あの素晴らしい民間外交は、若いころの僕に相当大きな影響を与えました」。

また、池田が訴え続ける「師弟」に創価学会の強さを見出す。「恩師である戸田城聖先生のことを非常に大事にしていますね。聖教新聞でも戸田先生のことを常に書き続けておられる。とても大切なことです。今の日本社会には、そうした『人間的な生き方の問題』を大事にしない空気があると感じます」「池田先生が創立された創価大学を卒業した沖縄在住者は六〇〇人を超えました。彼らが連帯《れんたい》して活躍すれば、沖縄は必ず明るく、いい方向に変わります」。

今も朝五時に出勤し、机に向かう大田。「やるべき仕事がたくさんあり、まったく時間が足りない」と笑う。「沖縄と縁《えん》の深い福州《ふくしゅう》（福建省）でも、北京大学でも、上海でも、どの都市を訪れても、日中友好に努力された池田先生はありがたい存在だと感じてきました。今、沖縄の我々が必要としているのは『日本と中国の関係をこれ以上悪くしない』ことです。国と国が喧嘩《けんか》していても、そんな時こそ民間の絆《きずな》を断ち切ってはいけない。創価学会の皆さんは池田先生が築かれた日中友好の関係をたえず維《い》持《じ》してほしい」。そして「民間交流が、一番大事なんです」と念を押した。

「絵」が語る沖縄戦

沖縄県とＮＨＫ沖縄放送局は二〇〇五年（平成十七年）、沖縄戦の体験者の絵を募集し、約二八〇人、五〇〇点を超える絵が集まった。

沖縄創価学会が「沖縄戦の絵」展に総力をあげて取り組んだのは、その二十四年前のことである。一九八四年（昭和五十九年）に『沖縄戦記録画集「打ち砕かれしうるま島」』を発刊した時点で、匿名《とくめい》も含め約四〇〇人の戦争体験者から六六〇枚の絵が寄せられた。絵の数はその後も増え続け、八〇〇枚を超えた。

沖縄青年部長として同展に取り組んだ池間俊彦。「最初はまったく集まらなかった」と振り返る。「戦争を思い出すだけでも大変な苦痛です。ましてや絵に描いていただくのですから断られるのが当然でした。まず壮年部の宮里親輝さん、婦人部の幸地和子さんが描いてくださった。お二人の絵を持って沖縄全土の会合を回りました」。

二〇一五年の三月、沖縄創価学会青年部は三万人規模の平和意識調査を行った。沖縄国際大学名誉教授の石原昌家が監修を務めた。「創価学会の平和運動を知ったきっかけは、浦添市で行われた『沖縄戦の絵』の巡回展でした。末吉稲雄くんという二部学生が誘ってくれました。今でも感謝しています」と語る。

石原はこれまで社会学者として『沖縄縣史《けんし》』『那覇市史』『浦添市史』をはじめ、数多くの沖縄戦の聞き書きに携《たずさ》わってきた。また「平和の礎《いしじ》」の刻銘《こくめい》検討委員会座長や、沖縄県平和祈念資料館の監修委員も務めた。

「浦添で『沖縄戦の絵』展を初めて見た時、ある絵の説明文に〝祖父の話を孫が聞いて描いた〟とあり、心打たれたことを覚えています。戦争体験を継承する生きたお手本です。これほどの運動を広げられるグループは、創価学会青年部しかないのではないでしょうか」

石原は、戦争体験の継承にはタイミングがあると語る。「『那覇市史』の戦時・戦後体験記は、沖縄戦の三十三回忌《かいき》を機に三年がかりで取り組んだ平和祈念特別事業でした。あの後、沖縄戦の体験を語る人が増えました。人は感情が風化しなければ、悲惨な体験を話せません。沖縄戦の場合は三十三回忌と（一九九五年の）『平和の礎』の完成が大きな節目だったと思います」。

「これからはさまざまな知恵を出す必要を感じています。『沖縄戦の絵』は創価学会のみならず沖縄全体の財産です。今後、『紙芝居《かみしばい》』化に取り組んで、いつでも誰でも語り伝えていけるよう工夫されるとうかがっています。心から期待しています」

沖縄創価学会が手がけた「沖縄戦の絵」展は、これまで県内の四十を超える市町村で巡回されている。学校の教材として活用され、日本各地の都市でも展示されてきた。寄せられた絵の一枚一枚に、七十年が過ぎても消えない苦しみと、それぞれの人生を支えてきた祈りが込められている。

◇

「この絵を描いた後、母は『何日も眠れなかったよ』と言っていました」。名護に住む比嘉《ひが》敬子は、母アキの描いた海の絵を前に語った。

かつて「対馬丸《つしままる》」という大きな船があった。サイパン陥落《かんらく》からひと月後の一九四四年（昭和十九年）八月、対馬丸は学童疎開《がくどうそかい》の子どもたちを含む約一八〇〇人を乗せて、那覇港から長崎へ向かった。しかし鹿児島県の悪石島《あくせきじま》近くで撃沈《げきちん》され、一五〇〇人近くが命を奪われた。犠牲者《ぎせいしゃ》のじつに半数以上――七八四人が学童（当時の小学生から中学二年生まで）だった（二〇一六年一月発行の対馬丸記念館公式ガイドブックから）。対馬丸を沈めたアメリカ軍の潜水艦《せんすいかん》ボーフィン号は「真珠湾《しんじゅわん》の復讐者《ふくしゅうしゃ》」と呼ばれている。

対馬丸に乗った時、比嘉アキは三十一歳だった。六歳の貞子と一歳の吉弘を連れて、宮崎に疎開するつもりだった。人々と肩を寄せ合い、甲板《かんぱん》にゴザを敷《し》いて眠っていた。八月二十二日午後十時過ぎ、魚雷が直撃。対馬丸は十分足らずで轟音《ごうおん》を立てて沈んだ。阿鼻叫喚《あびきょうかん》の真夜中の海で、アキは裏返った竹の筏《いかだ》を見つけた。ささくれ立った筏にしがみつき、傷だらけになりながら二人の子を乗せた。

「五日間、一睡《いっすい》もせずに漂流《ひょうりゅう》したそうです」（敬子）。後年、アキは創価学会の女性平和委員会の取材に応じ、「食べない、飲まない、眠らないという状態でした」「みんな眠気《ねむけ》に負けて流されてしまった」と語っている。「沖縄戦の絵」展では、「屋根のように高い波」に揉《も》まれる母と子の姿を描いた。

海に漂《ただよ》って五日目。ついに奄美《あまみ》大島の島影《しまかげ》が見えた。六歳の貞子は「おうちに帰ろう」とつぶやいた。アキはなんとか岸に這《は》い上《あ》がったが、一歩も動けない。通りがかりの島民に救われ、子どもたちに水を飲ませようとした。吉弘は飲んだ。貞子はいくら体を揺《ゆ》すっても飲まなかった。すでに息絶《いきた》えていた。集まった島民たちは呆然《ぼうぜん》とするアキをいたわり、貞子の遺体《いたい》を火葬《かそう》してくれた。

対馬丸の遭難《そうなん》について、アキは警察から「絶対にしゃべるな」と命じられた。九月三十日、故郷の屋我地《やがじ》に戻ったが、その十日後、「十・十空襲」に遭《あ》う。自宅が爆撃されたものの、かろうじて助かった。

対馬丸から生還した比嘉アキの絵。魚雷攻撃を受けて、船は沈没。児童ら約1500人が命を落とした

アキの夫、徳仁《とくじん》は国民学校の教師だった。敗戦直後、久志村《くしそん》（現・名護市）の捕虜《ほりょ》収容所で「青空教室」を開いた。解放後はドラム缶のフタを黒板がわりに、木炭《もくたん》を鉛筆がわりに学校を再建した。その苦闘を反戦出版に記している。

〈ひとつだけは、はっきりしていた。それは、「もう二度とあのような戦争へ駆《か》りたてる教育をしてはならない！」ということだった。国家の意志を徹底するために行なわれた教育。「もう御免《ごめん》だ！」との思いだった。しかし、かつて行なった教育にたいする責任は決して免《まぬか》れるはずはない。償《つぐな》っても償いきれることではない〉（『沖縄――6・23平和への出発』）

徳仁は〈皇民化《こうみんか》教育の片棒《かたぼう》を担《かつ》がされて

きた悔恨《かいこん》〉を背負い、悩みながら、小学校長として働き始める。

座談会に差別はない

徳仁の妻であるアキも、戦前は尋常《じんじょう》小学校の教師だった。戦後は幼稚園で教えたこともある。教育者として働くよりも、米軍のために働く「軍作業」のほうが給料ははるかに高かった。しかし二人は早朝から畑仕事に汗を流し、学校教育に携《たずさ》わり続けた。対馬丸で奇跡的に命の助かった吉弘もその後、両親と同じく教育者となり、中学校長として定年まで教育に尽力する。

一九六一年（昭和三十六年）のある日、アキの女学校時代の同級生が、創価学会の話をしにやってきた。アキは夫の徳仁に、同級生が置いていった池田の本や聖教新聞を見せた。「父はすぐ『この信心をしよう』と決めました。かえって母のほうが戸惑《とまど》いました」と息子の比嘉佑典《ゆうてん》は語る。「殉教《じゅんきょう》された牧口先生が小学校教師だったことも、父の心を動かしたようです」。

娘の敬子はアキの生きる姿勢が変わっていったことを覚えている。「戦前、母は『尽《つ》くして及《およ》ばざるは天命《てんめい》なり』という一言を人生訓にしていたそうです。『でも池田先生は違った。先生はこの題目に不可能はないことを教えてくれた』と語っていました。本土で行われた夏季講習会から帰ってくるなり『池田先生と握手ができましたよ』と満面の笑みで話してくれたこともありました」。徳仁とアキは、のちに東京の創価大学や地元の名護で池田との出会いを重ねていく。

息子の佑典は二十代のころ、両親の信仰に反発していたが、三十歳の時、東京で創価学会に入る。「私の下宿に泊まった父が『きっと読む時がきます』と言って牧口先生の『創価教育学体系』を置いていったこともありました」。佑典は東洋大学文学部の教授として定年を迎えた後、名桜《めいおう》大学の理事長などを歴任し、沖縄北部の振興《しんこう》に力《ちから》を注いでいる。

◇

比嘉敬子は「信仰者として両親から教わったことは多いです」と語る。女子部の活動を始めたころ、両親に連れられて「愛楽園《あいらくえん》」の座談会に参加した。「屋我地島にハンセン病療養所《りょうようじょ》の愛楽園があります。家から自転車で二十分ほどの場所です。両親は愛楽園での座談会を担当していました」。敬子は母のアキから「丁寧《ていねい》にあいさつしなさい」「園内で出していただいたものは喜んでご馳走《ちそう》になりなさい」と教わった。

ハンセン病が完治した後も、生涯を終えてもなお、いわれなき差別を受け続けた人々である。入所者の中には、同じ学会員同士であっても相手に気兼《きが》ねして、握手を遠慮する人もいた。徳仁とアキは彼らの手を握り、一緒に題目を唱え、一緒にお茶を飲みながら、ふだんと変わらない会合を重ねた。入所者たちを自宅にも招いて座談会を開き、御書を学んだ。

「長い間、屋我地出身だというだけで、ハンセン病と結びつけて差別される風潮がありました。両親は一切、差別することなく愛楽園の方々と接し、私たちに人としてのお手本を示してくれました」（比嘉佑典）

比嘉アキは二〇一五年二月、一〇一年の生涯を閉じた。「母は池田先生の『百歳まで生きるんだよ』という言葉を励みにしていました。その約束を守ったのだと思います」（敬子）。

◇

「私はいまがいちばん美人なんですよ」。八十五歳の仲程シゲはそう言って破顔一笑《はがんいっしょう》した。眉間《みけん》には、七十年前の爆撃《ばくげき》で刻《きざ》まれた傷跡《きずあと》がかすかに残っている。シゲは沖縄戦の語り部《べ》として知られ、海外のメディアも取材に訪れる。その体験は反戦出版にも収められた（『沖縄戦・母の祈り――娘が綴る母親の記録』）。「私は絵が苦手なので、『沖縄戦の絵』展の時は漫画家の新里堅進さんにお願いして、一緒に摩文仁《まぶに》の丘まで行き、当時の様子を描いてもらいました」。

一九四五年（昭和二十年）六月下旬。十五歳のシゲは母に連れられ、裸足《はだし》で摩文仁の丘をさまよっていた。

――前年から十万の日本軍が沖縄入りし、シゲは軍の陣地壕《じんちごう》を掘らされた。「大里村（現・南城市）の自宅は銃砲隊《じゅうほうたい》の宿泊所として提供しました。やさしい日本兵もたくさんおられました」。シゲの家族は「皇軍《こうぐん》は必ず勝つ」という言葉を信じ、軍とともに南へ南へと避難していく。

「いま平和祈念資料館の立っている辺りは死体の山でした」。男女が区別できないほど焦《こ》げた人がいた。おなかが水牛のように膨《ふく》れた人もいた。大きな石の上で両手を合わせ「兵隊さん、一発で殺してください」と泣き叫《さけ》んでいる人もいた。〈(死体の) 腐敗《ふはい》の臭《にお》いは大変だった。ヨモギの葉っぱを鼻の中に入れても収まらない。あの姿はどんなに私が話しても理解できないと思う。本当に地獄絵だった〉（シゲの証言、『未来に伝える沖縄戦③』琉球新報社）。

その時、沖縄出身の二十代の男性が「犬死にするより投降《とうこう》しよう」と呼びかけた。「岩陰《いわかげ》から二人の日本兵が飛び出してきて、『こんな馬鹿がいるから戦争に負けるんだ』『こいつはスパイだ』と怒鳴り、日本刀で若者の首を斬《き》り落としたんです。目の前で血が噴《ふ》き出して……恐ろしくて言葉が出ませんでした」。

荷物も捨てて崖《がけ》を下る途中、砲弾の破片で左膝《ひだりひざ》を痛めた。海沿いのガマ（自然の洞窟）を転々とした。「きれいな海に赤ちゃんの死体が浮かんでいました」。シゲは「どうせ死ぬ。私はここで一人で死ぬ」と言い張った。「母に『ヤナワラバーヒャー（悪い子だね）、生きるも死ぬも親子四人は一緒だ』と一喝《いっかつ》されました。母のおかげで、崖をよじ登って生き延びることができました」。

母の三つの遺言《ゆいごん》

戦争が終わり、仲程シゲは傷痍《しょうい》軍人の秀雄と結婚する。「夫は酒を飲むと人が変わったように暴れました」。一九六四年（昭和三十九年）、創価学会とめぐりあう。「信心を始めて五年後、宜野湾《ぎのわん》で六〇〇〇人の記念撮影会がありました。池田先生から『どんなにつらくとも私についていらっしゃい』『社会の役に立つ人になりなさい』と言われたことが私の原点です」。

いつのまにか夫の酒乱がおとなしくなった。周りから「貧乏《びんぼう》な学会員」と蔑《さげす》まれてきたが、信心を始めて十年が過ぎ、子宮がんを克服したころ、南風原《はえばる》町から母子保健推進員を頼まれるようになり、身体障害者相談員、赤十字奉仕団をはじめ、地域に信頼の根を張った。

「沖縄戦の絵」展のころ、ある平和団体に請《こ》われ、摩文仁での戦争体験を話した。予想を超える反響だった。中学生の男の子から「ボクはもう決して戦争がカッコいいとは思わない」と手紙が届いた。沖縄戦は沖縄の誰もが知っていることだと思っていたが、戦争をまったく知らない世代が生まれている。「伝えなければならない」と思った。

それから四半世紀、語り続けてきた。「安心して眠れる。安心してご飯が食べられる。今が一番幸せです。私は小学校しか出ていませんが、学会活動の中で池田先生の生命哲学を学ぶことができました。なぜ沖縄で戦争が起きたのか、これからも力《ちから》の限り問い続けていきます」。

◇

那覇に住む大城千世子も、島尻（沖縄本島の南部）に避難した時の体験を「沖縄戦の絵」に描き、反戦出版（『いくさやならんどー』）に寄稿した一人である。「姉は十二歳、私は七歳、弟は三歳でした。父は清仁《せいじん》、母はゴゼイという名前でした」。千世子は目を赤く腫《は》らして、その出来事を語った。

米軍機の機銃音《きじゅうおん》が聞こえた。と同時に「助けて!」という母の声が聞こえた。一瞬のことだった。母の両足が、付け根からもぎ取られていた。

「母は私たちに『父ちゃんがいるから、なんにも心配はないよ。三人で力を合わせて生きていきなさい。母ちゃんが、これから言うことを、よく聞きなさい』と言いました」

泣き叫ぶ子どもたちに、母は「意地チリヨー(勇気を持て)、誠《マクトウ》ショー(誠実であれ)、人《チュ》ヌ手《ティー》ヤ借《カ》インナヨー(他人に依頼心を持つな)」と言い残し、息を引き取った。

「私たちは喜屋《きや》武《ん》部落から摩文仁までさまよい歩きました。爆撃は雨のように激しくなりました」。父は艦砲《かんぽう》射撃で脇腹《わきばら》をえぐり取られた。「先に行きなさい。後から行くから」。それが父の最期の言葉だった。

敗戦後、千世子たちは宜野湾市の自宅に残された小さな畑を耕し、大豆や芋《いも》を育てた。「学校に登校する前、家から十二キロ先の首里の市場まで歩き、野菜を売りました」。千世子は専門学校を卒業し、アメリカ陸軍のクラークタイピスト(=事務もする英文タイピスト)として働き始める。

のちに夫となる勝夫に出会い、創価学会の話を聞いた。最初は「宗教は信念のない人がやるもの」と相手にしなかった。「私は戦争孤児として、生きるためなら何でもやって生活してきました。宗教は自分に関係ないと思っていたのです。しかし夫に隠れて池田先生の本を読み、宿命転換《しゆくめいてんかん》という考えに心を打たれました」。

池田が沖縄を初訪問した翌年、千世子は信心を始めた。「沖縄本部で、先生と女子部の十人ほどで懇談する機会にも恵まれました」。やがて勝夫は周囲に推《お》され、公明党の那覇市議として六期二十四年を務めあげる。

千世子は四人の子を授かった。長い間、戦争体験を話したことはなかった。反戦出版が話すきっかけになった。「婦人部の反戦出版をお手伝いすることになり、人に原稿を頼む前にまず自分が書こうと思いました」。

子どもたちが寝静《ねしず》まった深夜、原稿用紙に向かった。しかし翌朝、長女の薫《かおる》から「お母さん、きのうの夜、とても泣いていたね。なんで泣いていたの?」と心配された。「両親の最期を思い出すと、耐えきれなくて、泣きながら書いていました」。千世子は初めて、島尻をさまよった日々のことを子どもたちに話した。

後年、琉球新報ホールで行われた「婦人の主張中央大会」にも、那覇市婦人連合会の代表として登壇した。その最後にこう訴えている。〈たとえ一人の力《ちから》は弱くとも、母として、女性として、いかなる戦争も反対する強い意志と信念を貫いていくことが平和への第一歩だと、私は思います〉。

戦争は戦後も続いた

〈こんなに苦しければ戦争で死んだ方《ほう》がどんなにいいかと思ったこともありました〉。今年（二〇一五年）九十歳になる知念ツル子が反戦出版に綴った一文である（『沖縄——6・23平和への出発』）。

沖縄戦の砲撃で夫の妹を失った。夫は徴兵《ちょうへい》から帰ってきた後、結核で命を落とした。〈戦争がなければ十分な栄養と治療を受けられたのにと思うと、わたしは今もって憤《いきどお》りをおさえることができません〉（同）。ツル子のもとには六人の子どもが残された。

「母は縫《ぬ》い子を雇《やと》って洋服を仕立て、那覇の新天地市場で売って私たちを育ててくれました」。長男の幸男が語る。幸男は十七歳で知念高校を中退。家を出てアメリカ海軍のクラブでトランペットを吹き始める。「母に経済的な負担をかけたくなかったので家を出ましたが、きょうだいの中で一番心配されました」。

バンドメンバーに学会員がいた。「田原さんという先輩に、創価学会には音楽隊というグループがあって自由にラッパが吹けるぞと誘われ、素直に入りました」と笑う。

一九六三年（昭和三十八年）のことだった。幸男はプロのバンドマンとして活躍しながら、沖縄創価学会の文化運動を支えることになる。

母のツル子は、心配の種だった長男が生き生きと変わる姿を見て創価学会の信仰を選んだ。親族からは猛反対された。「母はよく『創価学会に文句を言う人たちは、現実に私たちを救ってくれるのか』と言っていました」（幸男）。知念の自宅は今、個人会館として地域の人々に活用されている。

ツル子もまた、反戦出版の多くの執筆者と同じく「池田先生という人生の師と出会えたことが、私の最高の幸せでした」と語る。

創価学会の反戦出版に手記を寄せたこうした女性たちの勇気を、平和学者の大田昌秀は高く評価する。「戦後、沖縄は男性の数が激減《げきげん》し、女性に負担がのしかかりました。しかし戦後の沖縄女性の生活記録は少ないのです。だからこそ創価学会婦人部の方々がまとめた『いくさやならんどー』には感動しました」。

同書の編集が始まると、二五〇人を超える人々が寄稿し、その中から三十四人の手記が収録された。戦争孤児になったため自分の本当の名前がわからない人もいた。家族を養うためにわが身を売らざるをえなかった人もいた。

「アメリカ世《ゆー》の女たち」という章の冒頭には〈彼女らの身の上を誰も責めることは許

されない。真に責められねばならないのは戦争である〉と記されている。

編集に携わった照屋繁子は「大田昌秀さんは当時、琉球大学の法文学部長でした。私たちの原稿すべてに目を通し、匿名《とくめい》の手記も含め、一つずつ丁寧《ていねい》な解説を寄せていただきました」と述懐する。

大田は「こんな本がつくれるのは学会婦人部しかない。執筆者の女性たちは『人生の師』と呼ぶにふさわしい存在です。『よくぞ生き延びてくれた』と申し上げたい」と語る。

◇

戦争は「最も弱く小さな人々」を直撃する。この構造は「戦後」も変わらなかった。渡久地《とぐち》ツル子が『いくさやならんどー』に寄せた手記は、その一つの象徴である。「信心していなければ書こうという気にならなかったでしょう」と語る。

一九五九年（昭和三十四年）六月三十日。ツル子は石川市立（当時）宮森小学校の六年生だった。「当時はミルク給食という時間があり、私は教室でお手玉をしていました」。

この日、米軍の嘉手納《かでな》基地を飛び立ったＦ１００Ｄ戦闘機が火を噴き、操縦《そうじゅう》不能になった。パイロットが脱出した後、戦闘機は民家をなぎ倒し、ガソリンを撒《ま》き散らしながら宮森小学校に突っ込んだ。午前十時半過ぎのことである。

「あたり一面、夕陽が沈む時のような真っ赤な色に包まれました」。教室の窓ガラスが割れ、爆風が吹き込み、ツル子は「戦争が始まった」と思った。ガラスの破片《はへん》で埋まった二階の廊下を走り抜け、階段に辿《たど》り着いた。「階段も燃えていて使えないので、踊《おど》り場《ば》の窓から飛び降りました。花壇《かだん》の上に落ちたので大けがをせずにすみました」。

花壇から起き上がったツル子は思わず立ちすくんだ。二年生のトタン葺《ぶ》きの教室が火柱を立てて燃えている。全身から煙を出した黒こげの子どもが水道の蛇口《じゃぐち》にしがみついている。小学校は〝戦場〟と化していた。

家に帰る途中、姉のヤス子に抱きしめられ、初めて声をあげて泣いた。それまで自分の頭にガラスが刺《さ》さり、こめかみに血が流れていることにも気づかなかった。〈ジェット機は二階の六年生の教室と隣の教室の一角に激突、平和な私達の学園は一瞬のうちに地獄と変じたのでした。級友三人が亡くなったと知らされた時のショックは、言葉ではいい表わすことが出来ませんでした〉(『いくさやならんどー』)。

墜落の原因は整備不良だった。児童十二人(一人は後遺症)を含む十八人が死亡し、二〇〇人以上が負傷した。この戦闘機は前年にも、機体の大破や死者が出る「重大事故」を一六八件も起こしていた(二〇一六年六月三十日付「琉球新報」)。

宮森小の墜落事故の遺族会代表を務めた喜屋武長盛は、小学二年生だった娘、玲子《れいこ》をこの事故で奪われた。妻の春子と連名で、創価学会の反戦出版に寄稿している（前掲『沖縄——6・23』）。

堂々と体験を語れ

墜落事故の後、渡久地ツル子は夜中に何度も大声を出して家族を驚かせた。「自宅にいる時も、米軍の戦闘機の爆音が聞こえるたびに、恐ろしくて家の外へ飛び出していました」。

創価学会には姉のヤス子が先に入った。「姉は小学校しか出ておらず、『私は字が読めないから代わりに読んで』とよく聖教新聞を渡されました。姉のために体験談などを読んでいるうちに『これはすごいな』と感じたんです」。一九六七年（昭和四十二年）、ツル子は二十歳で信心を始める。「妹のハツエが小児まひなのですが、少しずつ状態が良くなっていく妹の姿にも信心を教わりました」。

二十四歳の時、池田との忘れがたい出会いがあった。「昭和四十七年の一月三十日、コザ会館の開館式に参加しました」。

コザ（現・沖縄市）は基地の街である。池田が訪れる一年ほど前、「コザ騒動」が起こっていた。きっかけは米兵が起こした交通事故だった。住民側は公平な捜査を求め、米憲兵隊に迫った。憲兵隊は威嚇《いかく》射撃を行い、住民の怒りが爆発。数千人の群衆が約八十台もの米軍車両を焼き打ちにし、二十三人のけが人、十九人の逮捕者を出す大事件になった（一九七〇年十二月二十日）。

それまでも米軍による人権無視が何度もまかり通っていた。三カ月前の九月十八日には、糸満町（現・糸満市）の路上で、五十四歳の主婦が猛スピードの車にひき殺された。運転していた米兵は酒を飲んでおり、車のスピードは時速一〇〇キロ。この米兵は、軍事裁判で無罪になった。

コザ会館の開館式――池田はこの日、諸見会館で二五〇〇人の記念撮影を終えたばかりだった。「先生は最前列に座った二人のおばあちゃんに『よく来たね。素晴らしい会館ができたね』とおっしゃって、小さな声で題目を唱えながら二人のほほをなでられました。その様子を間近で見ていて、涙が止まらず困りました。本当に『人を大切にする人』だと感じたのです」。

渡久地ツル子と同級生の佐次田和子は「墜落事故の後、食事のたびに人の焼けるにおいを反射的に思い出してしまい、何度ももどしました」と振り返る。ツル子と共に創価学会婦人部として活動してきた。

和子は「私が地区婦人部長をしていた地区に、あの墜落事故で娘さんを奪われたお母さんがおられました。娘さんは私たちと同じ小学六年生で、大の仲良しでした」と振り返る。

その母親もまた、反戦出版『いくさやならんどー』に手記を寄せた一人である。〈(病院に) 次々に運ばれて来る遺体は黒こげで腕なのか足なのかわからず、男女の区別さえつきません。私はあの〝戦さ世《いくゆー》〟を思い出し、呆然《ぼうぜん》と立ちつくしていました〉〈あのジェット機墜落事故さえ起こらなかったら……。忘れようにも忘れられることではありません〉

「私はそのお母さんと『六月三十日には一緒に追善の勤行をしましょう』と約束し、三十三回忌まで続けました。私の子を、自分の孫のようにかわいがってくれました。沖縄には今も悲しみを心に押し込んでいる人がたくさんいます。そういう人の心に届く、しっかり根を張った活動をしなければならないと思っています」と佐次田和子は語る。

「私たちは池田先生から『堂々と自分の体験を語っていきなさい』と励まされました。これからが次の世代を育てる大切な時代です」(渡久地ツル子)

「いくさや　ならんどー」篇（「潮」連載時の副題）の最後に、一組の夫婦の物語を紹介したい。

◇

一九九七年（平成九年）二月、池田は香港《ホンコン》から沖縄入りした。十四回目の沖縄訪問である。恩納村《おんなそん》の研修道場に設けられた「世界市民民芸センター」で、懐かしい壮年と再会した。結髪師《けつぱつし》の古波蔵佐紀《こはぐらすけのり》である。「長女のひろみ、次女の明美と三人で、琉球《りゅうきゅう》の髪結《かみゆ》いを披露《ひろう》しました」。庶民の髪型を整えた明美が、古びた一枚の鏡を構えた。佐紀はその鏡を見すえ、ひろみをモデルにしてウミナイビ（琉球の王女）の髪を結い始めた。

沖縄女性の髪型は「からじ」と呼ばれる。左右のハイ（ふくらみ）を出し、イリガン（入髪）を使い、髷《まげ》を整えていく。「速いね」。池田と妻の香峯子《かねこ》は椅子に座り、佐紀の櫛《くし》さばきを一心に見つめた。かつて沖縄の文化祭で、池田は参加者と一緒にカチャーシーを踊った。その時、佐紀が池田の鉢巻《はちま》きを結んだ。別の文化祭では、仲間たちと日本語、英語、うちなーぐち（沖縄の言葉）の〝三カ国語〟を分担して司会を務め、「沖縄は国際的だね」と池田を感心させたこともあった。

ムーティー（紐《ひも》）を口《くち》にくわえ、ゴー（輪）をつくり、仕上げにジーファー（かんざし）を挿《さ》す。結い上げるまでわずか十分だった。池田は「国の宝だね」と感心し、香峯子も大きな拍手を送った。王女の姿になったひろみが、琉球と朝鮮やミャンマー（旧・ビルマ）は髪型がよく似ていることを説明した。聞き終えた池田は「アジアと交流していたんだね。大事な歴史だ。ご好意、一生忘れません」と言い、三人に深々と頭を下げた。「先生から国の宝だと言われたことが何よりうれしく、驚きました。あのころは髪結いの認知度が低かったですから」と佐紀は語る。

佐紀の芸名は小波則夫《こなみのりお》という。「沖縄の女優、舞踊家《ぶようか》すべての髪を結った」「二人とない魔法の手」といわれる伝説の結髪師である。

妻の重子と二人三脚で、戦後の琉球舞踊を支えてきた。

二人とも、沖縄戦の戦災孤児《せんさいこじ》だった。

髪結《かみゆ》いを支えた鏡

沖縄戦が終わり、捕虜収容所で真っ先につくられたものは、空《あ》き缶《かん》に糸を張った「カンカラ三線《さんしん》」だといわれる。〈沖縄舞踊も立ち直ることはもう永遠にあるまいと、すべての人が考えた〉（矢野輝雄『沖縄舞踊の歴史』築地書館）。しかし〈家を失い、親

恩納村（おんなそん）の沖縄研修道場で三色旗を振る池田と妻の香峯子。
「沖縄研修道場に着くや、みずみずしい緑と花々が歓迎してくださった」
「真心が道場のすみずみにまで光っている。心から感謝申し上げたい」
と語った（1995年3月）©Seikyo Shimbun

兄弟に別れて、為《な》す術《すべ》もなく毎日を送る人たちが、生きる喜びを託《たく》したのは歌三味線であり、踊りであった〉（同）。

古波蔵佐紀《こはぐらすけのり》は宮古島で生まれた。「敗戦の時、十五歳でした。宮古にやってきた『うちなー（沖縄）芝居』の一座に入り、下働きを始めました。給料はゼロ。寝床《ねどこ》があって食べさせてもらえるだけでありがたかった」。

前妻とは、佐紀の酒乱がもとで別れた。前妻の姉が創価学会の婦人部員だった。「昭和三十三年、那覇劇場の楽屋《がくや》で御本尊《ごほんぞん》をいただきました。しかし、巡業《じゅんぎょう》続きの楽屋暮らしです。座談会にも出られず、まともに祈る時間もありませんでした」(佐紀)。

離婚した後、二人の子どもを抱え、仕事にも行き詰まった。那覇の泊高橋《とまりたかはし》で娘を連れて身投げしかけたこともあった。「その時、たまたま通りかかって親子心中を止めてくれたのも前妻の姉でした」(佐紀)。

やがて重子と再婚。佐紀とともに信心を始めた重子は、那覇の飲食店で働いて家計を支えた。「壮年部の嶋袋清英さんに相談しました。夫は手先が器用で、役者業だけでなく劇団員の髪結《ゆ》いも担っていることを話しました」(重子)。

まだ「からじ」を結うプロがいない時代である。嶋袋は自分の家にある櫛と鏡を持っていくよう促《うなが》し、「髪結いで再起しなさい」と重子に話した。重子は「申し訳ないから自分で買います」と言い、なけなしの貯金をはたいて大きな鏡と本《ほん》つげの櫛を買った。そして佐紀に髪結い一本で生きていこうと迫った。

「私は妻の心に打たれ、『小波流』を名乗りました。池田先生が初めて沖縄に来られる前の年です」(佐紀)。やがて那覇の桜坂に「うちなーからじ（沖縄の髪型）結います」という看板を掲げる。

◇

古波蔵夫妻は沖縄随一の繁華街だった桜坂で弘教に歩いた。「那覇劇場の楽屋裏で座談会をしたこともあります」(佐紀)。佐紀は小学校を卒業していない。創価学会に入ったころは字が読めなかった。「うちなー芝居の台詞《せりふ》は口伝《くちづた》えで覚えますから困りません。草創期のことですが、教学の任用試験を受けた時は小学生だった娘のひろみに代筆してもらいました」と笑う。「八畳一間の自宅の座談会に、米軍の白人や黒人がたくさんやって来ました。ちょうど沖縄の各地に舞踊研究所が発足し始め、父の仕事も忙しくなりました」(長女のひろみ)。

真境名由康《まじきなゆうこう》、玉城盛義《たまぐすくせいぎ》、島袋光裕《こうゆう》、金武良章《きんりょうしょう》、親泊興照《おやどまりこうしょう》、宮城能造《みやぎのうぞう》……佐紀は琉球舞踊の名だたる先人たちの髪を結い、身分、職業、年齢によって異なる「からじ」に精通していった。役者としての経験も生きた。

現在、琉球舞踊の世界で常識になっている「かつら結《ゆい》」や「中組《なかぐみ》カタカシラ」と呼ばれる結髪法《けつぱつほう》は、佐紀が考案したものである。いつの間にか佐紀の右の掌《てのひら》には、横一線に盛り上がった「櫛タコ」ができていた。

ここに幸《さち》の花を

「沖縄戦の絵」展の時、長女のひろみはスタッフとして数十人の戦争体験を聞いた。

「心残りがありました。私の母の戦争体験をくわしく聞いていなかったのです」。その六年後、ひろみは沖縄で行われた「女たちの太平洋戦争展」の実行委員になった。それまで話すことを拒《こば》み続けてきた重子は、四十二年間、誰にも話さなかった「母の最期」を語った。

沖縄戦の渦中——重子は父の松、母のツルとともに糸満のガマ（自然の洞窟《どうくつ》）へ逃げ込んだ。胸まである泥水に浸《つ》かったまま一週間、米兵から隠れ続けたこともある。

「ガマの入り口にいた母子に米軍の砲弾が当たってね。子どもの背中からお母さんの胸を貫いた。子どもが泣き叫《さけ》んで、日本兵がその母子を追い出したの。うちのお母さん（ツル）は、せめてその子にサトウキビをあげようとガマの外に出たの」。

重子はツルの腕をつかみ「出たら生きては戻れないよ」と止めた。ツルは重子の手を振り切ってガマの外に出た。ガマの入り口が爆発したのはその直後だった。「強い光が母を襲い、私の目の前で、母は姿形《すがたかたち》が残らないほど吹き飛んでしまったのよ。お父さんは、戦争が終わった後、捕虜収容所で死んだの」。

敗戦後、家族を失った重子は琉球舞踊で生計を立てるようになり、やがて佐紀と出会った。

話すほうも、聞くほうも泣いていた。

さらに重子は続けた。「母さんの最期の瞬間は花火に似ていた。だから私は、花火を見るのがつらいんだよ」。ひろみは、小さいころからどれだけ「花火を見に行こうよ。きれいだよ」と誘っても、母が絶対に行かなかった理由を知った。

沖縄女子部の有志は重子たちの証言をもとに、沖縄戦当時の食べものや、さとうきび畑でつくった隠れ家などを再現した。那覇で行われた「女たちの太平洋戦争展」は内外から高く評価された。

古波蔵佐紀は池田の前で髪結いを披露した翌年、「ニッセイ・バックステージ賞」を受賞し、さらに四年後には「伝統文化ポーラ賞」に輝いた。そして二〇〇八年(平成二十年)、国は沖縄の結髪《けつぱつ》を「国選定保存技術」に選定し、佐紀を「国選定保存技術保持者」に認定した。

泊高橋で心中しようと思い詰め、妻の重子に鏡を託された日から半世紀が経《た》っていた。

「先生に『国の宝だね』と言っていただいた時に使った鏡は、妻が初めて買ってくれた鏡です。今も大切に使っていますよ」。そう言って佐紀は満面の笑みを浮かべた。

佐紀が立ち上げた「小波流」の教え子は五〇〇人を超え、そのネットワークはブラジルやハワイなどにも広がっている。

「恩納村の核ミサイル基地が『世界平和の碑』に生まれ変わる前、池田先生は、発射台跡《あと》に作った部屋に入り、『巌窟《がんくつ》会館』と名づけられました」(桃原正義)。池田が恩師・戸田城聖とともに読んだ小説の一冊に、アレクサンドル・デュマの『モンテ・クリスト伯《はく》』――巌窟王――がある。戸田は、獄死した師・牧口常三郎との日々を描いた小説『人間革命』で、獄中闘争を貫く主人公を「巌九十翁《がんくつお》」と名づけている。池田が「巌窟会館」と名づけた部屋には今、「沖縄戦の絵」が展示されている。中国からも見学者が訪れるようになった。

その一角に、次のような池田の詩が掲げられている。

◇

戦争ほど 残酷なものはない
戦争ほど 悲惨なものはない……
――それは沖縄が
あなたたちの悲願が
喚起《かんき》せしめた
我が生命の叫《さけ》びなのだ

沖縄研修道場の「世界平和の碑」。「基地の跡は永遠に残そう。『人類は、かつて戦争という愚かなことをしたんだ』という、ひとつの証しとして」「発射台の上には、平和の象徴になるようなブロンズ像を建てよう！」と池田が発案した ©Seikyo Shimbun

ああ 沖縄！
忍従《にんじゅう》と慟哭《どうこく》の島よ
誰よりも誰よりも
苦しんだあなたたちこそ
誰よりも誰よりも
幸せになる権利がある
そうなのだ
ここに安穏《あんのん》なくして
真実の世界の平和はない
ここに幸《さち》の花 咲かずして
人の世の幸福はない

第五章

母は大地を叩《たた》いた

〈母から子へ、父から子へ、平和のバトンは落とすな！〉（二〇〇二年八月三日付「聖教新聞」）——戦争体験を記《しる》し、未来に残すことがどれほど重要か。池田大作は何度となく繰り返してきた。「核兵器《かくへいき》」に話が及ぶ時、その論調はとりわけ鋭い。〈今、被爆者《ひばくしゃ》も老《お》いた。「だれが、反戦《はんせん》・反核《はんかく》のこの思いを受け継《つ》いでくれるのか。私たちが死んだら、戦争の悲惨《ひさん》を知らない政治家に、また、だまされ、戦《いくさ》へと引きずられていくのではないか」。そんな焦燥《しょうそう》を、多くの人が感じている〉（同）

◇

一九四五年（昭和二十年）八月六日、アメリカは広島に原子爆弾を落とした。広島市に住む三十五万人のうち、七万人が即死《そくし》し、年内に十四万人が命を奪《うば》われたといわれる。

松浦悦子《えつこ》は七歳だった。実家は爆心地から二キロの己斐《こい》町にあったが、たまたま賀茂郡高屋町（現・東広島市）に縁故疎開《えんこそかい》していた。原爆投下から三日後、広島市内に戻った。父の新蔵と母のキヨノに連れられて、何日も市内を歩き回った。

「父の弟を捜《さが》したんです。夜、焼け野原になった町を歩くでしょう。すると地面がぽっぽ、ぽっぽ燃えよる。原爆でやられた遺体から出た油も、緑や橙《だいだい》や紫に燃えよる。母の手を握《にぎ》りしめて、目をつぶって歩きました」

悦子は己斐国民学校初等科（現・己斐小学校）の一年生だった。学校は火葬場《かそうば》と化していた。「校庭で数えきれん数の遺体《いたい》が焼かれました。新聞紙で袋を作って、大きな骨は『大人』、小さな骨は『子供』と書いた袋に入れて、下駄箱《げたばこ》に並べてありました」。

しばらくして悦子の両足が腫《は》れ、恐怖に襲われた。二次被爆《にじひばく》である。当時は知るよしもない。原因不明の膿《うみ》に蠅《はえ》がたかり、卵を産みつけた。〈両足全体にできたおできの中にウジがわき、はい出してくるウジをはし（箸）でつかんでは取るのが一日の仕事であった……包帯をはずす時は痛くて泣いた〉（『広島のこころ二十九年』の手記、第三文明社）。傷跡《きずあと》はいつまでも残り、悦子はスカートをはかなくなった。

創価学会に入るきっかけは、姉の結核《けっかく》だった。「医者から『あと数カ月の命』と告《つ》げられていた姉が、母と一緒に元気に折伏《しゃくぶく》に歩き回るようになって、うらやましくてね。十八歳の時、私も信心を始めました」。

悦子は二十歳で聖教新聞広島支局の準通信員《じゅんつうしんいん》になり、やがて通信員として記事を書き始める。一九六一年（昭和三十六年）の八月、支局長が一冊の本を手渡してくれた。「池田先生からあなたにいただいたよ」。それはできあがったばかりの『会長講演集』第一巻だった。表紙を開くと池田の直筆が目に飛び込んできた。「大作」という署名と、自分の名前との間に、勢いのある筆跡《ひっせき》が刻《きざ》まれている。

大思想は
　原爆を恐れじ

本には墨《すみ》の香りが残っていた。「広島の通信員に被爆者がいることを知って、書かれたそうです。この短い言葉の意味を何度も考えました」。それまで原爆症で亡くなる人を何人も見てきた。私はいつ発症《はっしょう》するのか。不安は消えない。「放射能《ほうしゃのう》はうつるぞ」「被爆者と結婚するな」「就職しても体が弱いから長続きしない」。陰《いん》に陽《よう》に差別されてきた。悦子は池田の言葉を受けて「広島で一番、仏法を学ぼう」と決意した。

いつしか「教学のえっちゃん」と呼ばれるようになった。市民病院に一年間入院した時も、電話取材で記事を書き、支局に送った。「書くことが希望でした。心に灯《あか》りがつくんです」。三十三歳で結婚。二人の子に恵まれた。六十八歳で創価大学の通信教育部に入り、教育学部を卒業した。通信員を始めてから、今年（二〇一五年）で五十六年になる。「平和を語るのは有名人だけではないし、『一対一』でなければ根を張《は》れません。学会活動を通して教わりました。私は生きているかぎり、一人でも二人でも話し続けます」。

◇

大思想は原爆を恐れじ――池田にとって「核兵器《かくへいき》の廃絶《はいぜつ》」は、師の戸田城聖（創価学会第二代会長）から託《たく》された「人類の宿命を変える挑戦」であり、信仰に根づいた「思想の闘い」である。

核兵器の恐ろしさを世界に知らしめるためには〈ドキュメンタリーでもSFでもよい〉（『池田大作全集』第一巻）、あらゆる手段を使うべきだと訴え、自《みずか》ら数えきれない詩を書き、児童文学を手がけ、一九七八年（昭和五十三年）の第一回国連軍縮《ぐんしゅく》特別総会に対する「核軍縮および核廃絶への提唱《ていしょう》」をはじめ、多くの平和提言を発表し続けている。

歴代の国連事務総長、アメリカ、ソ連（当時）、中国、ヨーロッパ各国のトップリーダーと会談する際には、機会があれば必ず核廃絶の信条《しんじょう》を語ってきた。創価学会の「核兵器――現代世界の脅威《きょうい》」展（「核の脅威」展）はこれまで世界二十四カ国・

地域で開かれ、来場者数は一七〇万人を超えた。池田は、こうも綴っている。〈私は、ゴルバチョフ元ソ連大統領と何回も平和を語り合ったが、「人類に核兵器はいらない」ことで完全に一致した。氏が「核兵器の廃絶」を提案した動機は何だったのか？　それはソ連の頂点に立ったとたん、「指揮管制《しきかんせい》システムのなんらかのミスで核兵器が使用される」危険性がわかったからだった！（ジョナサン・シェル著『核のボタンに手をかけた男たち』から。川上洸訳、大月書店刊）。今まで無事だったのは「幸運の結果」と言わざるをえない〉（二〇〇一年八月十二日付「聖教新聞」）。

池田がたえまなく続ける核廃絶の運動。その源流を辿《たど》った。

胸にこだました原水爆禁止宣言《げんすいばくきんしせんげん》

二十三歳の松田文姑《ふみこ》は、広島に原爆が落とされた時、爆心地《ばくしんち》から一・五キロの自宅（楠木一丁目）にいた。妊娠《にんしん》九カ月を迎えていた。家の天井が崩《くず》れ、夫婦ともに土砂《どしゃ》まみれになったが、幸い無傷だった。家の外に出ると、見慣れた町並みは消え去っていた。

全身にガラスが突き刺さった血まみれの人。潰《つぶ》れた家の下から助けを呼ぶ声。

モスクワのクレムリンでソ連大統領（当時）のゴルバチョフと会見（1990年7月）。1987年に米ソで中距離核戦力全廃条約に調印し、史上初の核兵器の削減へと第一歩をしるした氏にエールを送った ©Seikyo Shimbun

国連事務総長（当時）のデクエヤルと3度目の語らい（1989年2月、東京都内）。池田は「戦争と平和展」を提案し、この年の10月に国連本部で開催された。デクエヤルは「創価学会は国連支援の〝模範〟ともなっており、本当に頼もしく思っている」と ©Seikyo Shimbun

〈私も主人も泣きながらね。どうしようもなかった……かけって（走って）逃げてきた人はみな服が焼けてぶら下がっとるんじゃあと思ったら……皮膚《ひふ》がぶら下がっとる〉（『舞え！ＨＩＲＯＳＨＩＭＡの蝶々』の手記、第三文明社）。「熱い、熱い」と言って太田川に飛び込む人々を呆然《ぼうぜん》と見つめた。

一人の母親が赤ちゃんの口《くち》に乳《ちち》を含ませていた。〈その子はあもう死んどるんよ。でもお母さんは必死よねえ。何とかして飲まそうと思って〉（同）。身重《みおも》の文姑はとても見ていられず反対側を向いた。すると〈赤ちゃんがぎゃーぎゃー泣きながらね、お母さんの乳を吸おうとするん。お母さん動かん。もうぼろみたいに皮膚がぶら下がってねえ〉（同）。その母親はすでに死んでいた。

「ここにおっちゃあいけん！」。夫の武夫は文姑を自転車の荷台に乗せ、四十キロ先の実家までペダルを漕《こ》いだ。

文姑は母と二人の妹が気にかかった。文姑が十五歳の時、父が心筋梗塞《しんきんこうそく》で他界した。大きな借金を背負い、助け合って生きてきた家族だった。文姑は武夫に「様子を見てきて」と頼んだ。武夫は「みんな無事だった」とウソをついた。文姑が出産を終えてから、すでに母と上の妹は死んでいたことを告げた。下の妹も翌年、原爆症で亡くなった。

胎内被爆《たいないひばく》した長男の良輔は、医師から「小学校に上がるまで生きられない」と言われるほど体が弱かった。なにより文姑自身が七つの病気を抱えていた。信心するまでは〈恨《うら》み節《ぶし》の人生〉だったと語る。一九五六年（昭和三十一年）、知り合いの創価学会員から「必ず幸せになれる」と言われ、ワラにもすがる思いで入会した。

翌年の九月八日、神奈川で行われた大きな会合に参加した。文姑は初めて戸田城聖の姿を見た。生涯忘れることのない、その言葉を聞いた。

「……もし原水爆《げんすいばく》を、いずこの国であろうと、それが勝っても負けても、それを使用したものは、ことごとく死刑にすべきである」「たとえ、ある国が原子爆弾を用いて世界を征服《せいふく》しようとも、その民族、それを使用したものは悪魔であり、魔《ま》ものであるという思想を全世界に広めることこそ、全日本青年男女の使命である」

「原水爆禁止宣言」――戸田が創価学会青年部に残した遺訓《いくん》である。池田はこの宣言について小説『人間革命』に綴《つづ》っている。

〈もし、戸田が、原水爆を使用した者は「魔もの」「サタン」「怪物」であると断じただけにとどまったならば、この宣言は極めて抽象的《ちゆうしようてき》なものとなり、原水爆の使用を「絶対悪《ぜつたいあく》」とする彼の思想は、十分に表現されなかったにちがいない。

彼は、「死刑」をあえて明言することによって、原水爆の使用を正当化しようとす

ホノルル市議会

広島市長（当時）の荒木武と共に平和記念公園を訪れ、原爆死没者慰霊碑に献花（1975年11月）。「私は、平和への闘争なくして、広島を訪ねることはできないと思っています。それが戸田先生に対する弟子の誓いなんです」と池田は綴る ©Seikyo Shimbun

る人間の心を、打ち砕《くだ》こうとしたのである。いわば、生命の魔性《ましょう》への「死刑宣告《せんこく》」ともいえよう〉（『池田大作全集』第一四九巻）

文姑は核兵器の存在そのものを否定する戸田の叫《さけ》びに触れ、目の前が開けた。

「私の弟子であるならば、私の今日の声明を継《つ》いで、全世界にこの意味を浸透《しんとう》させてもらいたい」。広島に帰る列車に乗ってからも、戸田の声が胸にこだました。

ようやく生きる道を知った。興奮を抑《おさ》えられなかった。

〈もう、身が打《う》ち震《ふる》えるようでね。そうかそうか私は原爆を受けてこうして苦しんできてね、こういう弱い体になったのを、今度は元気にしていって、そして原爆の悲惨さを訴えてね、平和のために尽くしていくという使命が私にはあったんだということを……気づかせてもらって〉（文姑の手記）

試練《しれん》は続いた。四十歳の時、夫の武夫が不慮《ふりよ》の事故で亡くなった。高校三年の良輔と中学三年の千代を育てながら、文姑は働き、弘教《ぐきょう》に歩いた。弱かった体は薄紙《うすがみ》をはぐように良くなっていった。

武夫を失った三年後、文姑は東京の創価学会本部で行われた会合に参加し、池田に質問する。広島には「原爆の街」や「念仏《ねんぶつ》の都」といった暗いイメージがある。皆の希望となる新しい指標がほしい——そう尋ねた。池田は文姑の目を見据《みす》えて「まず、あなた自身が必死に闘い抜くことです」と答えた。この時、「あなたが平和の天地を築いていくことです」と言われた一言が文姑の指針になった。

長男の良輔は二十五歳の時、原爆症による咽頭腫瘍《いんとうしゅよう》で入院し、「ここまで生きたのが奇跡です。あとは好きなことをさせてあげてください」と医師に告げられた。しかし良輔はその後も大病を乗り越え、五十二歳まで生き抜いた。文姑が若い世代に被爆体験を語るようになったのは、良輔を看取《みと》ったころからである。

また、文姑は学会活動で出会った人々の悩みを丹念《たんねん》にメモしてきた。〈一人ひとり励ましてあげて「覚え書《おぼがき》」を書いてきたんよ。昭和五十三年頃からね……訪ねた方には、自分の体験を書いてはよく手紙を出すんです〉。今年（二〇一五年）、九十三歳になる。ノートに記された「覚え書」の人数は五〇〇〇人を超えた。

「この方々こそ、平和の礎《いしずえ》なのだ」

〈被爆の体験は「どうしても言葉にならない」という。「体験した人でなければわかるものではない」という。その通りであろう。だからこそ、千万分の一でも「わかろう」としなければならないのではないか。とくに青年は〉（池田のエッセー、二〇〇二年八月三日付「聖教新聞」）

広島と長崎の青年部、婦人部が世に問うた原爆関連の反戦出版は合計十七冊（第三文明社）。証言者数は匿名《とくめい》も含め六一〇〇人を超える。

〈腕の中の赤ちゃんを爆風で吹き飛ばされ、探し求めて走り回っていた「狂《くる》える母」を忘れてはならない。

焼けただれて死んだ子を抱いて「このまま私も化石《かせき》になりたい」と動かなかった母を忘れてはならない。原爆症で働けず、母に苦労させる自分を責めながら、病苦《びようく》と差別に耐《た》えた青年の無念を忘れてはならない。

ひきつった皮膚を袖《そで》に隠し、娘ざかりに、死ぬことばかり考え、青春という言葉のまばゆささえ憎《にく》んで生きねばならなかった乙女《おとめ》を忘れてはならない。忘れさせてはならない。

この方々こそ、平和の礎《いしずえ》なのだ。この方々が「生き抜いてきてよかった」と言えるようになってこそ、日本は平和国家なのだ〉（同）

◇

アメリカが長崎に原爆を落としたのは広島の三日後、八月九日だった。

〈父は勤務先の三菱兵器工場の住吉トンネル工場（爆心地より一・八キロ）で、母は夫婦川町《ふうふがわ》（爆心地より三キロ）で、それぞれ被爆しました〉。松本初美は自分が原稿を寄せた反戦出版『終わりはいつですか』を見つめ、「その時、私は母のお腹《なか》の中にいました」と穏やかな口調で語った。

一歳でジフテリア、小学四年で肺結核、六年で腎炎《じんえん》に苦しめられた。母のマサは「この子はもうダメばい」とあきらめかけたこともあった。体育の授業では跳《と》び箱も鉄棒もできない。虫刺されの痕《あと》がなかなか消えず、かさぶたになる。包帯が欠かせず、夏も長袖《ながそで》で通した。「夏がいちばん嫌いでした」。

初美の両親は六人の子を抱え、経済苦をきっかけに創価学会に入った（一九五八年）。「私は御書《ごしょ》（日蓮《にちれん》の遺文集《いぶんしゅう》）を読んで過去、現在、未来をつなげる『三世《さんぜ》の生命観』に心動かされました。しかも『宿命は変えられる』という。なぜ貧しいのか、なぜ病弱なのか、自分なりに納得《なっとく》できたし、必ず今の状況を変えてみせると思えるようになったんです」（松本初美）。

その年の秋、創価学会「長崎支部」の結成大会が行われた。中学一年生の初美は初めて池田と会う。「きょう集まった皆さんが、この信心でお一人お一人が幸せになってください」「東洋広布の先端を担うのは、歴史を眺《なが》めても長崎以外にない」。海に開かれた地理と、被爆の史実を踏まえ、池田はそう言い切った。

「私はまだ中学生でしたが、先輩の折伏《しゃくぶく》について歩くようになりました」と初美は笑顔で語る。反戦出版にも親子で取り組んだ。父の政治は『長崎が死んだ日』に寄稿《きこう》した。〈大橋の川の中は、顔を水に突っ込んだ死体で一つの山ができていた。この世の出来事とは思われない……〉。

長崎の青年部、婦人部は九冊の反戦出版を世に出した。そのうち八冊が原爆をテーマにしている。「『終わりはいつですか』をつくる時、母に被爆のことを聞きました。『思い出したくない』『まだにおいが残っとる』とずいぶん嫌《いや》がられましたが、少しずつ話してくれました」(松本初美)。

その日、マサはたまたま勤労奉仕《きんろうほうし》で夫婦川町に出かけていた。銭座町《ぜんざまち》の自宅は爆心地から一キロだった。原爆が落とされた後、自宅に戻ったが、どこが自宅だったかすら、わからなくなっていた。「あたり一面、すべて焼け野原ですから。母は『なーんも無かったとよ』と言っていました。近所で使っていた水道ポンプだけが焼け残っていたそうです」。

初美は自らの闘病とマサの聞き書きをもとに、「夏がキライ」と題する原稿を書いた。「反戦出版に載《の》っている人は、みんな無名の人でしょう? 埋《う》もれたはずの声をこれだけ残したのは、すごいことだと思います」。

「いまでもできることなら思い出したくはないのです」

二〇一五年の六月、創価学会の長崎平和委員会は新しい反戦出版を刊行した（『語りつぐナガサキ』）。十四人の被爆者が手記を書き下ろしている。その一人、高比良《たかひら》信治は印刷に回す原稿に直しを入れた後、静かに息を引き取った。八十五歳だった。

信治は、妻の國枝と合わせて一〇〇世帯を超える弘教を重ねてきた。「私は生涯、一配達員だ」と胸を張り、毎朝、聖教新聞を配り続けた。長男の信也は「小さいころ、夜中に目を覚ますとよく両親そろって題目を唱えていました」と振り返る。

池田から「お子さんを立派な後継者に育てていただきたい」と託《たく》された願いは、四人の子に受け継がれた。しかし被爆の記憶だけは、信治も國枝も長く口《くち》にしなかった。次女のひとみは十七歳の時、四十人の高校生による聞き書きをまとめた反戦出版『ナガサキを語り継《つ》ぐ』に両親の体験を綴った。

「母がふと漏《も》らした一言で、父の被爆を知りました。反戦出版をきっかけに初めて両親から被爆の話を聞いて、ショックを受けました。あまりにも悲惨だったからです。毎年八月九日には学校で行事がありましたが、何もわかっていなかったと痛感しました」

高比良信治の遺稿《いこう》は〈本当は、いまでもできることなら思い出したくはないのです〉と結ばれている。〈被爆のことは妻に聞かれても、ずっと話しませんでした〉。少しでも体の具合が悪いと「なんか悪《わる》か病気ばせんやろか」と胸騒《むなさわ》ぎがした。被爆者の苦しみは当時の怪我《けが》よりも、その後の「心の不安」のほうが大きいのではないか。そう問いかける。〈不安を抱き続けての七十年間でした〉。

◇

吉岡輝彦は現在、長崎創価学会の平和委員会委員長を務《つと》めている。両親ともに被爆者であり、『ナガサキを語り継ぐ』では母の体験を聞き書きした。「私が創価大学に入学した年、ちょうど大学図書館の起工式《きこうしき》があり、池田先生が出席されたのですが、その場に学生代表として招待されてビックリしました。広島出身の学生もいました。先輩から『高校生の時、反戦出版に携《たずさ》わったからだよ』と教えてもらいました」。

翌年、滝山寮《たきやまりょう》の寮生たちと池田が記念撮影《さつえい》した際、池田から「写真はご両親に送ってあげなさい」と託されたことも忘れがたいと語る。母の加代は内臓障害に苦しみ、幼い輝彦の小児喘息《しょうにぜんそく》を治したい一心で創価学会に入った。夫の泰彦とともに草創期の浦上《うらかみ》一帯を弘教に歩いた。「池田先生と写った写真を送ったころは、ちょうど先生

長崎市の平和公園で平和祈念像（彫刻家の北村西望作）に花を捧げ、合掌する池田（1982年5月）。翌年11月、池田と会見した北村は、「偉大なる人類平和　使者の御健康を祈る」との書を贈った ©Seikyo Shimbun

の会長辞任に至る『第一次宗門事件《しゅうもんじけん》』の渦中《かちゅう》でした。写真は両親にとって何よりの励ましになりました」(吉岡輝彦)。

長崎青年部は五年かけて六冊の反戦出版を世に出した。一冊目の『ピース・フロム・ナガサキ』では断ったが、三冊目の『ナガサキを語り継ぐ』で「あんたらにしか言えんたいね」と証言した人もいた。「取材者リストは、本に載った方々の三倍ほどの人数でした」と吉岡は振り返る。いったん証言を引き受けたものの、自宅まで来た高校生たちに「やはり覚悟がつかん」と頭を下げて断る人もいた。「家族にも言っていないことを文章で残すわけですから。無理もありませんでした」。

反戦出版は何よりも、証言者一人ひとりの「自分との対話」だった。

◇

「原爆手帳(被爆者健康手帳)」を持つ約二十万人のうち、原爆症と認定され、医療費を給付されている人はわずか一〇〇人に一人である。そのなかでも、とりわけひどい仕打ちを受けてきた人々に焦点を当てた反戦出版がある。池田は『母の曲』というエッセー集で、その一冊に言及している。

〈『もうひとつの被爆碑《ひばくひ》』——それは在日韓国人被爆体験《ざいにちかんこくじんひばくたいけん》の記録である……広島の若い女性たちが聞き書きしてまとめあげた。広島で被爆したのは日本人ばかりではなかった……このまま歴史のなかに埋《う》もれさせてはならない。そんな思いから、聞き取りを始めたという。娘のような世代の熱意に動かされて、〝在日〟の年配の婦人たちは、重い口を開いて語ってくださった〉

正しい歴史を残してちょうだい

同書の証言者は十七人。差別を一身《いっしん》に受けてきた人ばかりである。

郭福順《カクボクスン》は十七歳だった。大手町五丁目の親戚の家にいた。爆心地からわずか数百メートルである。〈一ぺんに目の前が真っ黒になって〉家の下敷《したじ》きになった。裸足《はだし》のまま逃げようと思ったが〈アスファルトが熱《あつ》うて歩けん〉。花柄《はながら》のワンピースの切れ端《はし》を引き裂《さ》き、足の裏《うら》に板切れを巻きつけた。〈逃げる道々を、黒い雨が降って来たんよね。人の顔が、みるみるうちに黒う濡《ぬ》れていくけえ分かったよね〉。

郭は敗戦後、体調不良に苦しみながら工事現場を転々とした。「原爆スラム」と呼ばれた基町《もとまち》に住んだ。〈本当の意味の苦しさを語るいうたら、百分の一も語れんと思うよ〉。二十八歳の時、創価学会とめぐりあった。先輩から「一〇〇人中、九十九人が救われても、一〇〇人全員が救われなければ正法《しょうほう》じゃない」と言われ、自分も救われるのだろうかという不安や、卑屈《ひくつ》な思いが消えていったという。戦争体験の語《かた》り部《べ》として、多い時は年に八十回、子どもたちの前に立ってきた。息子の丁基和《チョンキファ》は「指紋押捺拒否《しもんおうなつきょひ》」で国と闘った一人である。

李寶拜《イポベ》は三十一歳で〈原爆に遭《あ》うまでは幸せ〉だったと語る。長男は肺病で苦しみ、二十一歳で自ら命を絶《た》った。次女は歯ぐきからの出血が止まらず十歳で亡くなった。三女も三十三歳の若さで病死した。

〈どうして髪が抜けるのか、体が悪くなるのか、当時は、全然わからないですよね〉。方季子《パンケジャ》は、「在韓被爆者《ざいかんひばくしゃ》」として苦しみ抜いた姉の思い出を語った。姉は家計を支えるため、一人で釜山《プサン》に住み、ゴム工場で働いた。髪が抜けても白いタオルをかぶって働き続け、原因不明の病で亡くなった。四十四歳だった。

ある匿名《とくめい》女性の訴えに、女子部員は言葉を失った。〈私しゃあ、今までこうして生きたことが運が悪いんじゃあ、思うとります……あの時、原爆におうて（遭《あ》って）死んどった人の方が、よっぽど、運がええ〉。

彼らは日本人と同じ被害を受けた。しかし同じ待遇《たいぐう》を受けることはなかった。〈戦争の時は、区別なしに勤労奉仕とか使われて、戦争が終わったら区別されてね〉（朴《パク》永愛《ヨンエ》）。

何人もの証言者が「失対《しったい》」（失業対策事業）という言葉を口《くち》にした。辛鳳先《シンボンソン》は聞き書きに来た女子部員に〈この辺の道路、みな、わしが作ったよ〉と言った。三人の子を食べさせるため、幼《おさな》い子を背負ったまま、石や砂を積んだモッコ（縄で編んだ運搬《うんぱん》道具）を肩にめりこませ、土木作業で何年も稼《かせ》いだ。ヘトヘトになって家に帰ると長男がよく泣いていた。

〈「どうしたん？」言うて聞いたらね、「(学校で)『朝鮮、朝鮮』言うて、友達から苛《いじ》められたんじゃ」言うて。ほんと、なんでわしら親子が、こんな目に遭わにゃいけんのか思うて、情けないやら、悔しいやらで、夜も寝られん日があったよ〉

聞き書きを担当した二十九人は、つらい言葉も突きつけられた。〈当時のことは口に出して言えんよ〉（卞順得《ピョンスンドク》）。〈もう、あんたに話すのもいやなんよ。原爆原爆いうても、あんたらは、おうた（遭った）ことないんじゃから……〉（曹斗順《チョウトウスン》）。

朴貞善《パクチョンソン》は育てた男の子を全員、大学まで進ませた。〈けど、大学出ても人並みの就職ができん。国籍ではねられてしまう。なんで、同じ人間なのに差別されんといかんのか〉。〈ああ、腹も立つよ。寝ず、食わずで働いて、おまけに、バカにまでされて〉。懸命《けんめい》にノートをとる女子部員を前に、思いの丈《たけ》を吐《は》き出した。

〈うちは、心の底から思うんよ。うちが字がわかったらね、小学校に、たとえ三年まででも行っとったら、平《ひら》がなでも片《かた》かなでも書けたらね。そしたら、天井に届くほどの書きものを残したい。原爆に遭《お》うたその日から今日までの、主人の苦労、うちの苦労、差別されたこと、ひもじい目に会《お》うたこと、全部、ありったけ書き残して死にたい〉

〈正しい歴史を残してちょうだい。皆んなに知ってもらいたい。世界中に、原爆の辛《つら》さを知らせたい……そしたら、死んでも悔《く》いが残らん〉

日本社会は、日本で生まれ、日本で育ち、日本で被爆した人をも、「国籍が違う」ことを理由に差別してきた。日本は戦争の被害者であり、同時に加害者でもある。『もうひとつの被爆碑』には、この誰も否定できない史実が刻まれている。

同書を完成に導いた原動力は、一人の在日女性の「自分自身との対話」だった。編集に携わったスタッフは口々に「張福順《チャンボクスン》さんがおられたから『もうひとつの被爆碑』を作ることができました」（佐藤由紀子）、「張さんから紹介していただいた方々を訪ね歩き、二年くらいかけて取材しました。池田先生の提案で『創価学会の日』である『五月三日』に出版され、携わった皆でとても喜んだことを覚えています」（柏森絹枝）と語る。

韓国の学会員から贈られた韓服を着用する池田と香峯子（1998年5月、韓国・ソウル）。池田は「悠遠なる貴国の文化と／寛闊（かんかつ）なる友の真心をば／天の衣のごとくに／着させていただいた」と感謝の意を表した ©Seikyo Shimbun

母は大地を叩《たた》いた

〈池田大作SGI（創価学会インタナショナル）会長との出会いは、私の人生を大きく開くものとなりました〉（『オモニの贈り物』小社刊）。張福順《チャンボクスン》は自叙伝にこう記している。

池田は張の半生を『新・人間革命』や『法華経の智慧《ちえ》』で繰り返し紹介し、励まし続けた。〈日本と韓国のはざまで、運命に翻弄《ほんろう》されながらも、懸命に生きぬいた在日の方々の代表として、書き留《と》めておきたかった〉（『母の曲』）。

――一九八三年（昭和五十八年）の初夏、張のもとに学会婦人部の先輩から相談があった。「女子部の人たちが、反戦出版のことで白川さん（張の日本名）にお願いしたいことがあるそうなんよ」。

張は求められるままに自分の半生を話した。メモをとりながら目を赤くする彼女たちの姿を見ては「ああ、ここまでは話すんじゃやなかった」と胸を痛めた。

「白川さんは、原爆は受けていないんですよね」と聞かれた。張は「ええ、山奥におったから」と答えた。女子部の一人が、意を決して張に伝えた。「じつは私たちは、原爆にあわれた在日韓国・朝鮮の人たちを探しているんです。白川さんなら、そういう方をご存じじゃないかと思って……」。

張は平静を装《よそお》い、しばらく話を続けた。「いつでも話を聞きにきてくださいね」と彼女たちを送り出した。そして御本尊《ごほんぞん》の前に座った。

――これまで私は、二次被爆したことを隠してきた。長男も次女もまだ結婚していない。〝被爆者の子〟だと知られたら結婚できないかもしれない。だから私はこれまで原爆手帳も申請《しんせい》しなかった。

しかし、女子部の彼女たちは真剣に話してくれた。「私たちは話し合いました。在日の被爆者からみれば、私たち日本人は原爆の被害者であると同時に、加害者の立場なのではないか。最も苦しんだ人の声を残さねばならないのではないか」と。

張は悩み、祈り続けた。〈矛盾《むじゅん》するかもしれませんが、私には在日韓国・朝鮮人被爆者たちの存在があまりに知られていなさすぎるという気持ちもあったのです……原爆を受けた韓国・朝鮮人は、総被爆者《そうひばくしゃ》の一割を超えるといわれています。広島では約五万人、長崎では二万人の同胞《どうほう》たちが、あの業火《ごうか》の中で苦しんだのです。広島では、二万人の同胞が、一瞬にして命を奪われました〉（『オモニの贈り物』）。

女子部員たちによる二度目の取材の日が来た。張は「私も被爆しているのよ」と告げた。

◇

張福順の両親――張在寛《チャンジェグアン》と金三秀《キムサムス》が日本に渡ったのは一九三一年(昭和六年)だった。

〈一家は韓国で手広く農業を営《いとな》んでおられたのですが、軍国・日本に侵略《しんりゃく》され、植民地政策《しょくみんちせいさく》によって土地を奪われてしまったのです。やむなく日本に来《こ》ざるを得《え》ませんでした。「日本に行けばすばらしい生活が待っている」との宣伝文句が頼りでした〉(「法華経の智慧」、『池田大作全集』第三十巻に収録)

張は〈(父は)日本人よりも安い賃金で、炭鉱《たんこう》とか地下鉄・道路工事現場のような所で危険な仕事ばかりしてました〉(『もうひとつの被爆碑』)と語り残している。

職場でも徹底的に差別された。たとえば炭鉱では、日本人の六十パーセントが安全な坑外《こうがい》で働いたが、朝鮮人のじつに八十五パーセントが危険な坑内《こうない》で働かされた(『朝鮮人戦時労働動員』岩波書店)。怪我《けが》をしてもなんの保障《ほしょう》もない。夫婦は下関、広島、神戸、大阪、四日市、名古屋、津と渡り歩いた。張が生まれたのは大阪・淀川の河川敷《かせんしき》だった。〈まともに御飯《ごはん》なんて食べたことはなかったですよ〉(『もうひとつの被爆碑』)。

戦争が始まり、強制疎開《きょうせいそかい》で広島に移り住んだ。劣悪《れつあく》な田んぼを割り当てられ、家族は木の実《み》を拾い、草を抜いて飢《う》えをしのいだ。

張は、妹や弟の子守りでなかなか小学校に通えなかった。大きくなったら学校の先生になるのが夢だった。足の速さが自慢だったが、徒競走《ときょうそう》で一番になったことはない。勝つと日本人にいじめられるからだ。〈お嬢《じょう》さん——当時、私達は日本人の娘さんのことをこう呼んでいたんじゃけど、そのお嬢さんより、前へ出ちゃいけん、立ててあげんといけんのんです〉（同）。いつも「日本人よりも日本人らしく」と心がけた。〈それが生きていく知恵じゃったんです〉（同）。

原爆が投下された数日後、母と一緒に広島市内に入り、叔母《おば》を捜し回った。見渡すかぎり〈この世の地獄〉だった。何度も気が遠くなった。

舟入《ふないり》病院で見つけた叔母は、全身が焼けただれた息子に膝枕《ひざまくら》をしてあげていた。息子の体にたかるたくさんの蠅《はえ》を追い払いながら、叔母は泣いて訴えた。「医者や薬が足《た》らんけえ、朝鮮人までは手がまわらんげな。このまま死ぬのを待つだけじゃ」。

その時、張は生まれて初めて母の悲鳴を聞いた。

「アイゴー（哀号）！　アイゴー！」

座り込んだ母は、大地をこぶしで何度も叩《たた》きつけ、ふるさとの言葉で絶叫《ぜっきょう》した。

〈「国を取られ、日本まで連れてこられ、牛馬のようにこき使い、ひと思いに殺さず、何の罪《つみ》があってこうやって、半焼きにして苦しめるのか！　生きるも死ぬも差別するのか！」〉（前掲『池田大作全集』）。

「私たちはなぜ差別されたのか。それは日本の国家主義です」

日本の敗戦の三年後、張福順《チャンボクスン》は口減《くちべ》らしのために十五歳で結婚した。夏は立ちくらみで何度も動けなくなった。二次被爆の影響だった。夫の白龍基《ペッヨンギ》は十九歳。朝鮮戦争で父と兄を失い、激しい胃痙攣《いけいれん》に苦しんだ。痛み止めのモルヒネに心身《しんしん》を侵《おか》され、暴力を振るうようになる。ようやくモルヒネ中毒を脱した後は酒に溺《おぼ》れた。

張は三度流産し、三人の子を生んだ。内臓疾患《ないぞうしっかん》で手術を繰り返した。睡眠薬《すいみんやく》で自殺を試みたこともあった。入院仲間の好意で、江波《えば》の公園近くにある小屋に住んだ。水道も通らず、立てないほど天井の低い小屋に、毎日のように夫の怒鳴《どな》り声が響《ひび》いた。〈積極的に私たち家族に関わろうとする人はいませんでした。むしろ、馬鹿《ばか》にし、いじめるのです〉（『オモニの贈り物』）。唯一《ゆいいつ》の例外が、隣に住んでいた達川秀子の家族だった。秀子は創価学会員であり、被爆者でもあった。

「長いホースを買ってきんさい。うちの水道につないでやるけん」「うどんをつくったから、熱いうちに食べんさい」。秀子は少しでも張の家計を助けようと、スカートを縫《ぬ》う内職も勧《すす》めた。

張はある日、秀子から「『冬は必ず春となる』いうて、願いが必ず叶《かな》う信心じゃけぇ、あんたもやってみんさい」と座談会に誘われた。「創価学会は暴力宗教だ」と聞いていたが、実際に行ってみるとまるで違う雰囲気《ふんいき》だった。一九六四年（昭和三十九年）、三人目の子である敬子の病をきっかけに信心を始める。

「信心を始めてから、母は次第に体調がよくなり、怒らなくなったことを覚えています」（長女の順子）。その様子を見た夫もやがて学会に入る。ある日、張は戸田城聖の「原水爆禁止宣言」を知る。〈まさにこれは私自身の思いだと叫びだしたくなる衝動を感じました〉（『オモニの贈り物』）。

◇

「昭和四十年代に池田先生が広島に来られた時、母が一緒に撮っていただいた記念写真があります。母が一番喜んでいたのは『法華経の智慧』で紹介された時でした」（三女の敬子）

創価学会の世界を知り、張は初めて「希望」を抱いた。子どもの病気が治ったことや、夫の酒癖《さけぐせ》が鎮《しず》まったことだけではない。〈仏法を学ぶことで、生きる意味や目的意識をもてた〉（同）。それが人生を変えた。

自らの半生が紹介された『法華経の智慧』を、張は泣きながら読んだ。そこにはこう書かれていた。

〈……（張福順さんには）長い間、頭から離れない疑問があったそうです。それは「なぜ私が、韓国人として差別を受け、そのうえ、被爆しなければならなかったのか」ということでした。

それが、仏法の「願兼於業《がんけんおごう》」（「願、業を兼《か》ぬ」と読む。菩薩《ぼさつ》が自ら願って、悪世《あくせ》に生まれて、人々を救うこと）という法門を聞き、心から納得できたのです。「そうか、私には、私にしか果たせない使命があるんだ。願って、このような境遇《きょうぐう》に生まれてきたんだ」と〉（前掲『池田大作全集』）。

反戦出版では女子部の熱意に応じ、自ら同胞《どうほう》のもとに足を運び、聞き書きに協力してくれないかと頼んで回った。思うように読み書きできず悔しかった。〈いまの自分は、あまりに力《ちから》がなさすぎる。戦争の悲惨さ、原爆の恐ろしさ、差別の醜《みにく》さ、そういうものを人に伝えていくためには……力がないなら力をつけよう！〉（『オモニの贈り物』）。張は五十二歳の夏、夜間中学に編入した。「母は学校に通い始めたころから、日本名の白川栄子ではなく韓国名の張福順《チャンボクスン》を使うようになりました」（長女の順子）。

夜間高校に進み、卒業式では答辞を読みあげた。さらに広島大学の二部へ進んだ。その年、苦しみも楽しみも分かち合ってきた夫を看取《みと》った。〈「わしの分まで頑張《がんば》れよ」というのが、夫の最後の言葉でした〉（前掲書）。張は「布団《ふとん》で寝た記憶がない」という五年間を過ごし、三つの教員免許を得て、六十二歳で大学を卒業する。

県立の商業高校から、非常勤講師《ひじょうきんこうし》で教えてほしいと請《こ》われた。「商業法規《しょうぎょうほうき》」「マーケティング」「流通経済《りゅうつうけいざい》」の三科目を教えた。さらに、母校の高校でも授業を受け持った。

〈私は、六十二歳という年齢や、国籍条項《こくせきじょうこう》の壁を越え、「張福順」という本名のままで教育の現場に立つことができたのです……それは私にとって、思ってもみない、本当に信じられない出来事でした〉（同）

張は、かつて水道のない小屋に住んでいた時、達川秀子から何度も聞かされた言葉をかみしめた。「願いが必ず叶う信心じゃけぇ」「想像もできないような幸せの境涯になれるよ」。

活躍の場は県外へ、国外へと広がった。識字《しきじ》教育のボランティアでネパールやフィリピンも訪れた。アメリカのボルティモアで被爆体験を語った。「聖教新聞」の取材を受けた際、こう答えている。「私たちが、なぜ差別を受けたのか。それは日本の国家主義です……このことをわかろうとしない官僚《かんりよう》や御用《ごよう》学者、マスコミが、日本の社会の民度《みんど》を下げ、それが政治や教育にも影響しているんです」「無知であってはならない」。

二〇〇七年（平成十九年）、張福順は七十五年の生涯を閉じた。識字教育のNGOは長女の順子が受け継いでいる。

◇

ナラ（奈良）、アスカ（明日香）、カスガ（春日）、ハコネ（箱根）、（武蔵野の）ムサシ……どれも古代朝鮮語《こだいちようせんご》が語源《ごげん》だといわれる。「木綿《もめん》」は朝鮮半島から輸入された「モンメン」が始まりである。『広辞苑《こうじえん》』には「味噌《みそ》」の語源が朝鮮語であることが明記されている。

こうした実例を通し、池田は青年部に「古代も近代も、日本がナショナリズムが強くなると、『韓国（朝鮮）隠し《がく》』をした。（「正史」である）『日本書紀《しよき》』の書き方もそうだし、正確であるべき学校教科書も国策《こくさく》に左右されたのです」と語っている（一九九四年十一月一日付「聖教新聞」）。

「女性の白いチマ・チョゴリに警官が墨汁《ぼくじゆう》をかけて回るという非道《ひどう》まで行われたの

です。その他、暴虐《ぼうぎゃく》の限りを尽くした。鬼畜《きちく》のごとき行為は、とても筆舌《ひつぜつ》に尽くせません。私の父は兵隊に取られて、ソウルにいたことがあります。父がよく『日本はひどいよ。あの横暴《おうぼう》さ、傲慢《ごうまん》さ。あんなことは絶対に間違っている』と言っていたことが忘れられません」（同）

枯《か》れ果《は》てた命がよみがえる瞬間

日本社会の非道は、日本の敗戦後も続いた。大塚和江は福岡の田川市で生まれた。七歳の時、小さな胸に突き刺さった一言がある。「お前の本当の父親は朝鮮人だ。お前はその子どもだ」「朝鮮人は人間以下だ」。心ない言葉は、それまで父だと思い、慕《した》ってきた男から浴《あ》びせられた。その男は母の再婚相手だった。和江は『祖国はるかなり』という反戦出版に、少女時代の悲しみを綴っている。

〈食事のときも、食べ物に手を出すとにらまれ、父（＝養父）の冷たい視線に、おずおずとしてふるえながら毎日を過ごしていました。育ての父は、何の理由もなく朝鮮人を嫌い、人間以下の動物だと言ってののしりました〉。母の千鶴子は和江に「なーんも卑下《ひげ》することはなか」と言い聞かせた。「お前の本当の父さんは、教養ある、立派な人ばい。乗馬の好きな素敵な人だったとよ」。

◇

和江の父、安命岩《アンミヨンアム》は現在の韓国・慶尚北道《キヨンサンプクト》で生まれた。「父は戦争中、兄と一緒に日本へ強制連行《きようせいれんこう》されました。祖母は二人の息子を突然奪《うば》われ、波止場《はとば》で泣き崩れたそうです」（大塚和江）。

安は兄とも生き別れ、福岡県田川市の炭鉱に送られた。人間扱いされず、過労がたたり片足を失った。安たちが苦しめられた旧三井田川鉱業所《こうぎようしよ》の跡地《あとち》には今「韓国人徴用犠牲者慰霊碑《ちようようぎせいしやいれいひ》」が立っている。

安は敗戦後、千鶴子と結婚した。長男の先吉に続き、一九五四年（昭和二十九年）、和江が生まれた。「父が死んだのは私が三歳の時でした。大雨の夜、増水した川に足をとられ、遺体は下流で見つかったそうです」（大塚和江）。

千鶴子の再婚相手は、結婚した後はろくに仕事もせず、賭け事《かけごと》にふけり、酒を飲んでは暴れた。千鶴子との間に娘が生まれると、和江を見るたびに「おまえは朝鮮人だから馬鹿《ばか》なんだよ」「朝鮮人の子どもに食べさせる金はない」と罵倒《ばとう》し続けた。

和江の苦しみはそれだけではなかった。小学校に入ると朝礼のたびに貧血《ひんけつ》で倒れた。夏は太陽の下で立っていられない。病院に通っても原因がわからなかった。養父から

「貴様《きさま》は怠《なま》け者だ」と何度もなじられた。「私は耐えきれず、母に『どうして私なんか生んだの？』と詰《つ》め寄《よ》りました。その時初めて、自分が被爆二世《ひばくにせい》であることを知りました。母は私よりつらい人生を送ってきました」。

◇

母の千鶴子は五島列島で生まれ、七歳で長崎市内に奉公《ほうこう》に出された。「母は二十一歳の時、爆心地から三キロで被爆しました。黒い雨も浴びて、翌日から四十度の熱が十日間も続き、生死をさまよったそうです。放射能の急性症状《きゅうせいしょうじょう》でした」。その後も心臓肥大《しんぞうひだい》、心筋梗塞《しんきんこうそく》、重い貧血、子宮《しきゅう》がんなどに苦しんだ。

和江は、養父の暴力のみならず、原爆症の不安が重なり、心が荒《すさ》んだ。中学生になると母に当たり散らすようになった。高校一年の夏、和江は創価学会に入る。小学校からの大の仲良しが学会員だった。「その友人は私の状況を知って『あなたも必ず元気になるから。やってみな』と涙を流しながら言ってくれました」。

じつはその数年前、母の千鶴子も創価学会に入っていた。だが和江は「宗教で治るなら医者はいらない」と反発した。「母は押し入れに御本尊を安置して、猛反対の夫から隠れるようにして祈っていましたが、私には関係のないことだと思っていました」。

和江は友人の家で対話を重ねた。この自分を変えられるのなら——その一心で初めて「南無妙法蓮華経《なんみょうほうれんげきょう》」と口《くち》にした。和江は「なんとも不思議な気持ちでした。枯《か》れ果《は》てた生命の中に、みずみずしいエネルギーがほとばしるような、生き返ったような感じがしました」と振り返る。気がつくと御本尊の前でポロポロと涙を流していた。「君にしかできない使命がある」という池田の指導に衝撃を受けた。「私にも幸せになる権利がある」と初めて思えた。母と二人で御本尊の前に座り、会合に歩いた。気がつくと、自転車で一時間かかる高等部員の家まで往復しても疲れないようになっていた。義父は猛反発し、和江の御書を焼いたが、和江はもう動じなかった。信心を始めた翌年の夏、和江は初めて大石寺《たいせきじ》での夏季講習会に参加した。そこで忘れがたい光景を目にする。

夜行列車のあんパン

一九七一年(昭和四十六年)八月、富士山の裾野《すその》でボーイスカウトの野営《やえい》大会(世界ジャンボリー)が行われていた。八十七カ国から二万三〇〇〇人が集まった巨大イベントである。そこに大きな台風が迫った。この世界ジャンボリーに日本代表として参加していた人は〈暴風雨《ぼうふうう》で、野営テントが水浸《みずびた》しに……テントの支柱が折れ、時間さえ分からなくなるほどの寒さと空腹に襲われ、恐怖感《きょうふかん》さえ生まれました〉と振り返る（野口裕、二〇〇四年五月三十日付「聖教新聞」）。

元自衛隊員の南弥磨《やま》はボーイスカウトの避難隊《ひなんたい》を指揮した。二万三〇〇〇人のうち、四分の一を超える六五〇〇人を創価学会が収容してくれるという。先発隊で大石寺《たいせきじ》に向かった。会長の池田に出迎えられ、驚いた。〈私に最初に言われた言葉。「けが人が出たと聞きますが、医師は幾人《いくにん》ぐらい必要ですか」。急所を突く言葉。私は発奮《はっぷん》しました〉（二〇〇四年七月二十日付「聖教新聞」）。新人隊員の教官を経験した南の目からみても、池田の陣頭指揮《じんとうしき》は水際《みずぎわ》だっていた。〈当時の当局といえどもマネはできません。最敬礼です。脱帽《だつぼう》する以外に、お礼の言葉がありません〉と感謝している。

◇

静岡に住む平野恵万《よしかず》。現場の救援責任者としてこの日、深夜まで池田の指示を受け続けた。「八月五日の夕方、富士宮市長から直接、避難者をバスで向かわせるので受け入れてほしいと電話がありました。宗門（日蓮正宗《しょうしゅう》）は畳《たたみ》が汚れるとか、キリスト教徒もイスラム教徒もいるだろうとか、いろいろ難癖《なんくせ》をつけた挙《あ》げ句、『学会に任せる。建物はきれいにして返せ』と。頭にきました」。

じつは富士宮市長は事前に、日蓮正宗に対して「万一の時は受け入れてほしい」と話を通していた。しかし宗門は、その事実を創価学会に伝えていなかったのだ。

創価学会は数万人規模の夏季講習会を続けている真っ最中である。宗門側の信じ難《がた》い怠慢《たいまん》だった。皆の報告を受け、池田は「各会場に受け入れよう」と語り、宗門にも学会側の意向を伝え、相談するよう指示した。

一〇〇〇人か、多くても二〇〇〇人かと予想していた避難者の数は、六五〇〇人にものぼることがわかった。バスは延《の》べ一〇〇台を超えるという。池田は平野たちに告げた。「宗教が違っても、同じ人間じゃないか！　世界中から若者が集まってくるんだ。嫌《いや》な思いをさせてなるものか！　全員そういう気持ちで取り組もう」。

まず池田は総坊《そうぼう》前の売店に向かった。「タオルは何枚ありますか」「おにぎりは何千個できますか」。在庫のありったけのタオル八〇〇枚をその場ですべて買い、雨にぬれて避難してきたボーイスカウトの第一陣に自ら手渡した。「雪山坊《せっせんぼう》はタオルが何枚ある？」「パンは今、何個ある？」。備品を確かめながら大講堂《だいこうどう》に向かった。大講堂は最も大きな避難所になった。池田はその一階に「歓迎本部」や「指揮本部」を立ち上げた。

寒さと、飢《う》えと、恐怖から彼らを解放しよう。暖《だん》と食と安心を与えよう——これが池田の方針だった。

「音楽隊と鼓笛隊《こてきたい》。来れる人はすぐ来なさい。音楽と踊《おど》りで迎えてあげるんだ」「かがり火《び》をたこう。お会式《えしき》で使っているものがあるだろう」「明日の朝、牛乳と卵を人数分、用意できるね？」。絶え間なく指示が続いた。

大塚和江はその日の夕方、「英語ができる人は来てください」とアナウンスがあったことを覚えている。「池田先生が救援活動のすべてを手配されていると教えてもらいました」。

地元の学会員も売店組合も総動員でおにぎりを握《にぎ》った。パン一万四〇〇〇個、おにぎり二〇〇〇個、スイカ二〇〇個、ジュース三〇〇〇本、毛布三〇〇〇枚、タオル二〇〇〇枚……避難してきたボーイスカウトたちのもとに続々と集まった。

この日、夏季講習会を運営していたのは輸送班（運営や誘導に携わる男子部のグループ）約五十人である。池田は彼らにまじって、何枚も重ねられたタオルを搬入《はんにゅう》する流れ作業にも加わった。避難してきたバスを自ら出迎え、病人がいないか尋ねて回った。

避難者の大半が到着すると、ボーイスカウトのリーダーたちは池田のいる大講堂に集まった。池田は「誇り高いボーイスカウトの皆さん方の臨時のご休息を、心からお迎え申し上げます」とあいさつし、食料、毛布、たくさんのバケツでお湯を用意したこと、医師も通訳も準備したことを伝え、安心させた。

そして「この場所を一切の本部とします。個々にいろんな問題があったら、全部ここで手筈《てはず》を組みます。遠慮なく言ってください」と告げ、消灯の午後十一時半まで大講堂に詰めた。「日付が変わっても先生は動き続けました。白いシャツとズボンが雨と泥《どろ》にまみれていました」（平野恵万）。

嵐の一夜が明けた。八月六日の午前、大塚和江は数人の友人と大講堂の近くを歩いていた。「池田先生がボーイスカウトの皆さんと懇談されていました」。邪魔《じやま》になってはいけないと慌《あわ》てて木陰《こかげ》に隠れ、その様子を見つめた。「いろんな国の子どもたちが先生にお礼を言っている姿をみて、涙が出てきました。田舎《いなか》に帰ってもひどい養父がいます。でも私には人生の師がいる。私はこの先生とともに生きられるから大丈夫だと思えました」。

その朝、六五〇〇人のボーイスカウトたちは温かい紅茶をふるまわれ、大石寺をあとにした。見送りの際、池田は避難してきた延べ一〇四台のバスそれぞれに一束ずつ花束を贈った。前夜、集められるかぎりの花を用意していた。

ボーイスカウト側の避難責任者だった南弥磨。要請していた英語、フランス語、スペイン語、中国語の通訳が、そして数十人の医療《いりょう》従事者《じゅうじしゃ》が待機《たいき》してくれていたこと、そしてすべての陣頭指揮を池田自身がとり続けたことに舌を巻いた。別れ際、池田から『私の人生観』を贈られた。表紙を開くと池田の自筆で〈嵐にも君振《きみふ》る舞《ま》いて無事光《ぶじひか》る〉と記されていた。

◇

和江が福岡に帰る夜行列車でのことだった。高等部の担当者が和江の席にあんパンを持ってきた。あの木陰にいたねと聞かれ、和江は目を丸くした。池田から「あそこにいた高等部員たちに」とあんパンを託されたという。

「ボーイスカウトに全部あげちゃって、もうないいんだけどあの子たちにあげなさい、と先生が言われたそうです。驚きで言葉もありませんでした。気づかれないように木陰で見ていたんですが、全部わかっておられました」。和江はそのあんパンを小さくちぎり、皆で食べた。

おじいちゃんの国に行ってみたい

高校を卒業した和江は、東京で洋裁《ようさい》の仕事を始め、結婚後は横浜に住んだ。「被爆二世であることはあまり人に話していませんでした。私の体験を知った婦人部の先輩が『平和のために話していくべきよ』と言ってくれました」。一九九六年（平成八年）、「平和学の父」と呼ばれるヨハン・ガルトゥング夫妻が創価学会の神奈川文化会館を訪れた時、これまでの体験を語った。「ガルトゥングさんに絶賛《ぜっさん》され、人に話すことではない、と思っていた私の意識が変わりました」。

信心を貫いて、いちばんうれしかったことは「あれほど憎んでいた養父への憎しみが、いつしか消えていた」ことだと語る。「出産は難しい」と医師に言われたが、二人の子に恵まれた。長女の智栄は「おじいちゃんの国に行ってみたい」と韓国の慶《キョン》熙《ヒ》大学に入学した。

智栄が大学院の博士課程に進む時、和江と智栄は池田に手紙を書いた。すぐ池田から伝言が届いた。智栄には「おめでとう。こんなにうれしい事はありません」。そして和江は自分宛の伝言を聞き、胸を詰まらせた。

「……高等部の時の出会いも忘れていないよ。勝ったね！」

◇

〈被爆者は、戦争の最大の被害者である。その方々をどのように扱ってきたかで、平和への姿勢がわかる〉（二〇〇二年八月三日付「聖教新聞」）

被爆の真実を広く知らしめるために、池田が知恵を尽くして試みた平和運動があった。一九八二年（昭和五十七年）、アメリカ・ニューヨークの国際連合本部ロビーで開かれた「核兵器――現代世界の脅威」展（「核の脅威」展）。主催は国連広報局。共催は広島市、長崎市、そして創価学会である。「第二回国連軍縮《こくれんぐんしゅく》特別総会」に合わせて行われた。

創価学会の代表団には広島から二十人、長崎から十人、合わせて三十人の被爆者らが名前を連ねていた。これほど多くの被爆者や家族が、公《おおやけ》の場で実名と素顔をさらし、体験を語ることは一度もなかった。その多くが、池田と出会い、仏法とめぐりあい、人生を生き直した人々だった。イギリスとアルゼンチンの武力衝突《ぶりょくしょうとつ》（フォークランド紛争）が続く渦中《かちゅう》、かつてない平和行事がニューヨークで始まろうとしていた。

第六章

「君よ　黙《もく》するな」

池田大作と妻の香峯子《かねこ》は、子どもたちの歌声に耳を傾《かたむ》けていた。一九八七年（昭和六十二年）五月二十八日、モスクワ。四度目となったソ連（当時）訪問の最終日である。「核の脅威《きょうい》」展の開幕式やルイシコフ首相《しゅしょう》との会見をはじめ、多くの行事を終えた池田のもとに、モスクワ第八〇六小・中学校の子どもたちが訪れた。色とりどりの折《お》り鶴《づる》や花束を手にしている。香峯子のそばに座ったナターシャという女の子が、広島の少女「サダコちゃん」の物語を話し始めた。

知ることだ。知らせることだ。

——一九四五年八月、原子爆弾が落とされて、多くの犠牲《ぎせい》がありました。サダコちゃんの両親は被爆しました。サダコちゃんも白血病にかかりました。サダコちゃんは夢を信じました。折り紙で千羽の鶴を折れば生き残るという夢を。

池田は「ダー（ロシア語で「はい」の意味）」「その通りです」と応じた。二歳で被《ひ》

モスクワ第806小・中学校の子どもたちの合唱に聴き入る池田と妻の香峯子（1987年5月28日）©Seikyo Shimbun

爆《ばく》したサダコちゃん――佐々木禎子《さだこ》は、十二歳で亡くなった。その死を悼《いた》み、広島平和記念公園に「原爆の子の像」が建てられた。今もこの像に、世界各地の子どもたちが千羽鶴《せんばづる》を捧《ささ》げている。

「平和の花、ありがとう。平和の千羽鶴、ありがとう。禎子ちゃんは喜んでいるでしょう」。池田はモスクワの子どもたちに感謝し、自分がソ連を訪れた理由を語った。

「……その禎子ちゃんを死なせてしまった原爆の、恐ろしい写真を、今度はモスクワの市民にも見てもらおうと思ってたくさん持ってきたんです。（「核の脅威」展を）一日に何千人もの人が見ています」

池田はモスクワでの「核の脅威」展のオープニングで「日本人として、また平和主義者として、また私は仏法者として、この悲惨《ひさん》さ、残酷《ざんこく》さだけは、一生涯、全世界を駆《か》け巡《めぐ》って訴えなくてはならない使命と義務と責任と、また、それだけの権利がある。こう思っております」とあいさつしている。

モスクワの子どもたちを前に、池田はこう続けた。「たくさん、たくさんの人が死にました。一発の爆弾で。ちょうど私も原爆がこわいということを小説に書いています。もうじき出版するんです。女の子じゃなくて男の子が主人公だけれども」。香峯子が「一城《かずしろ》君ですね」と主人公の名前を言い添《そ》えた。

池田の小説『ヒロシマへの旅』(『池田大作全集』第五十巻に収録)は、東京に住む中学生の一城が、広島に住む八重子おばさんに会いに行き、原爆の惨劇《さんげき》を胸に刻む物語である。

◇

『ヒロシマへの旅』の八重子おばさんのモデルは、今年(二〇一五年)八十七歳になる竹岡智佐子である。一九八二年(昭和五十七年)、創価学会代表団の一人としてニューヨークに渡り、国連軍縮《ぐんしゆく》特別総会に参加したこと。「原子爆弾を作った科学者」たちを前にして、被爆体験を語ったこと。そうした出来事の数々を、孫に伝えられた喜び。智佐子はそれらを池田宛《あ》ての手紙に記したことがあった。

モスクワで開催された「核兵器—現代世界の脅威」展の開幕式に出席した池田。来賓を展示に案内する（1987 年 5 月 25 日）©Seikyo Shimbun

原爆開発に参加した科学者バーナード・フェルド（右から 2 人目）らが「核の脅威」展に足を運び、説明に耳を傾ける（1982 年 6 月、ニューヨークの国連本部）©Seikyo Shimbun

智佐子が訪米した時、国連本部のロビーで「核の脅威《きょうい》」展が行われた。かつて学会青年部の「反戦出版」から「反戦・反核展」（一九七六年）が生まれ、横浜の「戸田平和記念館」と連動し、日本各地で巡回《じゅんかい》された。それらが「国連本部内で初の被爆展」につながったのである。

〈真理は単純である。要するに「核兵器が人類を不幸にしている」のだ〉（一九九八年八月九日付「聖教新聞」）――池田はこう綴《つづ》っている。

〈ヒロシマ、ナガサキ。その名前は知っていても、どれほどの地獄図《じごくず》があったのか、世界は驚くほど知らない。生きながら焼かれた母を子を、知らない。一夜で内臓《ないぞう》が腐《くさ》って死んだ戦慄《せんりつ》を知らない。あの日から半世紀を超えて、今なお「終わりは、いつですか」と苦しみ続ける人々がいることを知らない。

知ることとだ。知らせることとだ。脅威展は、ニューヨークでも、パリでも、北京でも、ニューデリーでも開催した……私は思う。「核兵器が必要だ」と主張する人は、まず広島へ行け、長崎へ行け、そして、その方々の前でもなお「核が平和を守る」と言えるのか、その地で徹底的《てってい》に会議してはどうだろうかと〉（同）

池田の提案で始まった「核の脅威」展は、世界二十四カ国三十九都市をめぐり、一七〇万人が訪れた。創価学会は今も国境を超えて平和展示運動を続けている。そのパネルの、一枚一枚に込められた師と弟子の祈り。源流《げんりゅう》を辿《たど》る。

変わり果てた親友

太平洋戦争の末期、日本海軍は「人間魚雷《ぎょらい》」を開発した。特攻兵器「回天《かいてん》」である。十七歳の竹岡智佐子はその広島市内の工場で、大きなヤスリを使う「面取《めんと》り」という作業に追われていた。徹夜明けのある日、女子挺身隊《ていしんたい》の仲良し三人で「宮島の海を見に行こう」と約束した。

朝、いったん己斐上町《こいうえまち》の家に戻り、洗濯《せんたく》や片付けをして玄関を出た。〈ポケットから小さな手鏡《てかがみ》を出して顔を映《うつ》しました。当時は髪も長くして三つ編《あ》みにしておりました。きれいに編めているのでよかったと思いました。晴れあがった空を見上げてもう一度、ふっとなんの気なしに、手鏡を見たその時でした〉（竹岡智佐子の手記）。

見たことのない閃光《せんこう》が走ったことは覚えている。爆風に吹き飛ばされ、意識を失った。一九四五年（昭和二十年）八月六日八時十五分、アメリカ軍の戦略爆撃機《せんりゃくばくげきき》B29が広島市内に原子爆弾を投下した。人類史上初めての核攻撃《かくこうげき》である。智佐子の家は爆心地から三キロだった。

意識を取り戻したのは、家から三十メートルも離れたサツマイモ畑の中だった。〈足が立たないのです……頭に手を当てました。すると、ズルーッと血が流れている。ああ、頭もやられたのだと思って、ふっと空を見上げました。そこには、いままで見たことがない、真っ黒いような濃《こ》い灰色のようなものが、もの凄《すご》い渦《うず》を捲《ま》いて、どんどん広がっていきます。気持ちの悪い、怖《おそ》ろしい空です〉。四つんばいになって地面を這《は》い、やっとの思いで家の中に戻った。〈何がどこにあるのか分からなくなっています……どこにも、なんの音もしません〉。

これは、焼夷弾《しょういだん》ではない。智佐子はふらふらと坂道に出て、海のほうを見た。〈何か真っ黒い塊《かたまり》が、そろそろ、そろそろと上ってくる。あの黒い塊はなんだろう?……それは人間の集団でした〉〈女の人は髪の毛を逆立《さかだ》て、皮膚《ひふ》がずるずるに焼け爛《ただ》れています。ちょうど海から若布《わかめ》を引き上げたような形です。ぼろぼろに焼け爛れたその皮膚が、肩から腕を伝わって指の先から垂《た》れ下がっているのです〉

智佐子は、水に浸《ひた》した布きれを、彼らの肌《はだ》の上にそっと置いてあげることしかできなかった。路上に倒《たお》れた人々を手当てしていると、空が急に暗くなり、墨汁《ぼくじゅう》をぶちまけたような色の豪雨《ごうう》に打たれた。その雨は腕や足にへばりつき、拭《ふ》いても水で流しても取れなかった。

「ちいちゃーん」と呼ばれて智佐子は驚いた。目の前に立った人は全身が焼け焦げ、頬《ほお》が裂《さ》け、黒い雨でずぶ濡《ぬ》れだった。〈よく見ると、胸から背中にかけて小さな穴が無数に開いている。その穴から全部、血が吹き出ている〉。宮島に行く約束をしていた親友のホコ（美保子）ちゃんだった。「ホコちゃんを連れて崩れかけた自宅に戻ると、大やけどの人が十三人も避難していました。半数はもう息がありませんでした」。

智佐子は喉《のど》が焼かれて声の出ない人に、名前だけでも書いてもらおうとした。〈エンピツを握《にぎ》らせようと思って指を見ますと、五本の指の骨が融《と》けかかってずるずるになって、エンピツも持つことができません〉。

いったい何が起きたのか。

智佐子は裏山に登った。見慣《みな》れた街が、丸ごと消えていた。〈ほとんど焼け爛れた荒地。今朝方《けさがた》まで何万人もの人が生活し働いていたあの広島市内に一軒も残っていないのです。全滅です〉。

智佐子の父の盛登は戦争中、内科医として岡山で働いており、被爆を免《まぬか》れた。母のリョウは、広島第一陸軍病院の看護婦長（当時）だった。この一週間、家にも帰れず負傷兵の看護を続けていた。智佐子は裏山から、陸軍病院があったはずの場所へ目を凝《こ》らした。影も形も無くなっていた。

翌朝から智佐子は防空頭巾《ぼうくうずきん》をかぶり、母を捜《さが》し歩いた。相生《あいおい》橋から太田川を見下ろすと、川の水が見えなかった。〈見渡すかぎり上流から下流まで、びっしりと「人間」が並んで材木や筏《いかだ》のようになって、死んで浮かんでいたのです〉（智佐子の手記）。母のリョウには金歯が三本あった。陸軍病院の近くで拾った木切《きぎ》れを使い、何人もの遺体《いたい》の口の中を確かめた。

◇

叔母の家の跡では、まだ熱い瓦礫《がれき》を掘って火傷《やけど》を負った。広島の平和記念資料館には〝色の濃い部分だけ焼けた丹前布《たんぜんぬの》〟（爆心地から三・二キロ）や〝文字だけが焼けたポスター〟（同二・二キロ）が展示されている。「黒」は熱線《ねっせん》を吸いやすく、そこだけが焼き抜かれたのだ。鷹匠町《たかじようまち》の叔母の家は爆心地からわずか数百メートルだった。智佐子は、四〇〇〇度もの高熱で焼き尽くされた叔母といとこの白骨を掘り起こし、ていねいにハンカチに包んだ。

八月八日。九日。十日。母を捜し、無差別大量虐殺《むさべつたいりようぎやくさつ》の跡をさまよった。吐き気《はけ》と頭痛に襲われ、頭を押さえると手のひらいっぱいに髪の毛が抜けた。両腕にはいくつも紫《むらさき》の斑点《はんてん》が浮き出た。十一日、江波《えば》の国民学校でついに母を見つけた。「母は舟入幸町《さいわいちよう》の舟入病院に派遣され、そこで被爆していました」。リョウの体は包帯で覆《おお》われていた。右半身を焼かれ、二〇〇のガラス片《へん》が刺さっていた。智佐子は二時間かけて、母の全身に湧《わ》いていたうじ虫を取り除いた。

〈八月十二日、朝早く大八車で母を迎えに行き、我が家に連れて帰りました。包帯を取って驚きました。「わっ、目が無い。」黒目も白い所もない、赤身が右眼におおいかぶさっていました。鼻は骨が折れかかって、上下からのぞいていました。光線が入って右眼は、はじけ飛んだのです〉（智佐子の証言、『被爆証言集 原爆被爆者は訴える 第3版』広島平和文化センター）

智佐子は母のリョウをリヤカーに乗せて、戸坂《へさか》の国民学校に向かった。「陸軍病院の医薬部が疎開《そかい》していたのです」。そこには医師の中で一人だけ生き残ったという獣医《じゅうい》がいた。その獣医は「このままだと左眼も見えなくなってしまいます」とリョウに告げた。教室の床にむしろが敷《し》かれ、四人の衛生兵がリョウの体を押さえつけた。獣医は一本のメスだけを使い、リョウの右眼をくり抜いた。

「麻酔《ますい》も、痛み止めも、何もありません。廊下《ろうか》まで響く母の絶叫《ぜっきょう》と暴れる音を聞いて胸がつぶれました。二度と思い出したくありません。世界中の誰も、二度とこのような目に遭《あ》わせてはならない。必ずアメリカに行って訴える。そう思いました」（智佐子）

「これでええんじゃ」

竹岡智佐子は看護婦だった母から教わった技術を生かし、母を看病し続けた。敗戦の翌年、結婚した智佐子は、かわいい男の子を生んだ。弘訓《ひろのり》と名づけた。「弘訓は、私の希望でした」と振り返る。生後二週間が過ぎた雪の日だった。弘訓は手足を縮《ちぢ》め、口《くち》を強《こわ》ばらせて苦しんだ。胸から腹にかけて薄い紫の斑点が浮かび上がり、間もなく息絶《た》えた。「たった十八日の命でした。『原爆症《げんばくしょう》』です。その後、次男が生まれた時も、長女の時も、十八日目を迎えるのが恐《こわ》くてたまらなかった……」（智佐子）。

戦争は、戦後も終わらなかった。

夫の清はおとなしい男だったが、職場の上司から強引に飲みに誘われると断れず、次第に酒に溺《おぼ》れるようになった。酔いに任せて何度も智佐子を殴《なぐ》った。雪の降る夜、智佐子は子ども二人を連れて鉄道の線路に飛び込もうとしたこともあった。

最初に創価学会に入ったのは母のリョウだった。一九五四年（昭和二十九年）のことである。「近所に住んでいた泉広さんという方が足繁《しげ》く通ってくれました。母と同世代で、夫を原爆に奪《うば》われた方でした。重い原爆症とノイローゼで苦しみ抜いてきた母は『自分の命を変えるのだ』と言って祈り始めました」(智佐子)。

ある会合に参加した時、愛煙家《あいえんか》のリョウは運営役員たちが喫煙《きつえん》している控え室を見つけた。会合が始まる前、そこで一服《いっぷく》していると「ここは一般参加者がたばこを吸うところではないですよ」と注意された。

男性幹部が何人もたばこを吸っていた。「あの人らも吸いよるじゃないか。なんで幹部がよくて私がいかんのか」。リョウは食ってかかった。一人の青年がその場を収《おさ》めた。「いいじゃないか。どうぞゆっくり吸ってください」。その青年はリョウを招き寄せ、椅子《いす》に座るよう勧め、隣に座った。「祖母は『騒ぎ立てた私に、ものすごくやさしい人やった。なんと心の広い人やろかと思った』と、その時の印象を何度も話してくれました」(智佐子の娘の東野真里子)。会合が始まり、リョウは再び驚いた。さっき隣に座ってくれた青年が演壇《えんだん》に立ったのだ。その青年の名前——池田大作——を生涯忘れることはなかった。

◇

娘の智佐子が信心を始めたのは一九五九年(昭和三十四年)である。夫の清は猛烈に反対していた。「大工の増井さんという壮年部の方に来ていただきました」(竹岡智佐子)。

清は「信心したら飲み屋の借金なくなるんかい。ならんかったらどうするんかい」と怒鳴《どな》った。増井は悠然《ゆうぜん》と言い返した。「どげんでも、あなたの思うようにしてください」「その代わり約束してください。朝晩の勤行《ごんぎょう》をして、折伏《しゃくぶく》に励んでください」。酒を勧める人が悪いのか。原因は外ではない。あなたの中にあるんじゃないのか。増井は懇々《こんこん》と訴え、清は「ほいじゃ、やってみよう」と応じた。

しばらくすると、飲み歩いていた清の生活が一変した。「家に帰るのが遅いのは変わらないんですが、行き先が飲み屋から座談会や仏法対話に変わったんです。婦人部の先輩の角屋マサノさんから『ご主人の帰宅が遅いのは皆のために働いておられるからですよ。安心してください』と言われました。夫の乱暴もピタリと止まりました」（竹岡智佐子）。

やがて清と智佐子は己斐《こい》支部の支部長、婦人部長として広島創価学会の草創期を支えていく。

◇

翌春、母のリョウが聖教新聞を手にとって叫び出し、家族が驚いたことがある。「これで大丈夫！　これでええんじゃ！」。何事かと駆け寄った家族に、リョウは新聞の一面トップを掲げた。〈創価学会第三代会長決まる〉〈池田総務を推戴《すいたい》〉。池田の写真が大きく掲載されていた。

あの温かい心の人が、戸田先生（＝戸田城聖《じょうせい》、創価学会第二代会長）亡き後の学会を継《つ》いでくれた——リョウは我が事のように喜んでいた。「これで大丈夫なんじゃ。もうこれで創価学会は誰からも後ろ指さされんどー」。そう繰り返すリョウの左眼から、ポロポロと大粒の涙がこぼれ落ちた。「母は昭和四十二年、孫の大学進学を見届けて生涯を終えました。重い原爆症だった母は、創価学会とめぐりあい、池田先生との出会いを抱きしめて、二十二年間、命を永《なが》らえたのです」（竹岡智佐子）。

「あなたは貴重な体験をなされた」

竹岡智佐子を励ました角屋マサノ。安芸《あき》支部の初代婦人部長である。彼女もまた原爆症によって自《みずか》ら命を断《た》とうとした過去があった。池田の会長就任を知った時は〈跳《と》び上がって喜んだものです〉〈もう大丈夫と心から安心しました〉（マサノの手記）。

一九六一年（昭和三十六年）、岡山で創価学会の大きな会合があり、マサノは数千人の前で体験を語った。「人生の半分を苦しみ、いま信心して八年……」。池田は何度もうなずきながら耳を傾けた。

角屋マサノは広島の牛田町で被爆した。二十七歳だった。九年間、病床で苦しんだ。骨肉腫《こつにくしゅ》、直腸潰瘍《ちょくちょうかいよう》、ノイローゼなどを併発《へいはつ》。輸血代が家計を脅《おびや》かし、一家心中を図《はか》った。妹から折伏され、仰向《あおむ》けのまま題目を唱え始めた。その後、危篤《きとく》に陥《おちい》る。〈一週間、生死をさまよい、再び今世《こんぜ》に引き戻された〉マサノは徐々に回復し〈二カ月で、病人であることを忘れるまでになってしまいました〉と手記に綴《つづ》り残している。

退院後、『折伏教典』を徹夜で読んだ。親や兄から猛反対され「縁《えん》を切る」と迫られた。だが九年も続いた病床生活には何としても戻りたくなかった。「依法不依人《えほうふえにん》」――妙法による以外に幸せはない。人に依《よ》ってはいけない――この仏典《ぶってん》の一節を胸に、広島婦人部の先頭に立った。

池田と初めて会ったのは山口県徳山市（現・周南市）である。「山口闘争」と呼ばれる弘教《ぐきょう》の最前線だった（単行本『民衆こそ王者』第四巻に詳述）。池田は弘教に励むマサノの夫に宛《あ》てて、後楽園の絵ハガキに〈……留守、何かと不自由と存じますが、よろしく頼みます。使命を果《はた》し早急に帰宅する様《よう》申《もう》し居《お》きました〉と書き送っている。

――堂々と体験発表を終えたマサノに、池田は「あなたの役目は重大だよ」と声をかけた。「あなたは貴重な体験をなされた。核兵器がいかに人類の敵か。日本だけでなく世界に訴えていくのがあなたの使命ですよ」。かんで含めるように励ました。

二十一年後、池田がマサノに語った言葉は現実のものになった。

◇

「みんな元気で！　無事故で行ってらっしゃい。祈っています」「ニューヨークは暑いよ」「飛行機は揺れても大丈夫だよ」。池田の話に笑いが起こった。一九八二年（昭和五十七年）五月三十日、東京の創価大学。池田の提案を受け、広島と長崎から集《つど》った被爆者や被爆二世との懇談である。

笑顔の輪の中に、角屋マサノもいた。竹岡智佐子もいた。翌日には三十人の被爆者たちを含め、総勢四十人の代表団が成田空港を発《た》ち、アメリカの国連本部へ向かう。

飛行機の国際便に乗ること自体、初めての人が大半だった。

「先生から『行くことに意味があるんだよ』と言われ、肩の荷が下りた感じがしました」（池田敦兆）。「緊張していた私たちに先生は『もうニューヨークから帰ってきたような顔をしているね』と言われ、皆で顔を見合わせました」（石川勝）。

この五日前、池田は長崎にいた。「先生は平和祈念像に献花《けんか》されました。会長辞任の三年後、『反転攻勢』の真っ只中《ただなか》です。四度に及ぶ自由勤行会《ごんぎょう》をはじめ、長崎滞在の五日間でたくさんの行事がありましたが、ある日の勤行の後、『ニューヨークの絶対無事故と大成功を祈ったよ』と強い口調で言われました。忘れられません」（梅林二世）。

波多野和典は被爆二世である。体の弱かった母のミツコに代わり、ニューヨークに臨《のぞ》んだ。「先生から『しっかり楽しんできなさい』と言われたことを覚えています」。

柏森絹枝も被爆二世として代表団に入った。池田の小説『ヒロシマへの旅』に登場する、八重子おばさんの娘「光枝」のモデルである。

「この年、初めて母の戦争体験を聞きました。母は釜山《プサン》から引き揚げて十四歳で被爆しました。いろんな話をしてくれましたが、結局、母の結論は『原爆は、遭《お》うた者《もん》でないとわからん』でした」

絹枝の母、英子は一九五六年（昭和三十一年）に信心を始めた。父の弘は「わしには勧めるなよ」と避けていた。「近所の原田さんというおじいさんが父をよく会合に誘ってくれました。母から『一回だけ行きんさい』と言われ、父は広島の薬業会館（当時）に行ったんです」。

帰ってきた弘は「わしゃ入るで！」と一変していた。「池田という若い人の話を聞いた。すごい気迫でわしらとは考えていることが違う。わしゃ学会に入るで」。弘が参加したのは、池田が初めて広島を訪れた時の会合だった（一九五七年一月二十六日）。

◇

原子爆弾の実相《じっそう》を、アメリカで訴える——渡辺源吾は創価学会の月刊誌「大白蓮《だいびゃくれん》華《げ》」に〈万感の思いでした〉と語り残している。アメリカ滞在中、「ニューヨーク・タイムズ」紙、NBCテレビ、WBAIラジオの取材に応じた。

一九四五年（昭和二十年）八月九日、長崎。源吾は三十二歳の警察官だった。諏訪公園の防空壕《ぼうくうごう》（爆心地から二・四キロ）で、空襲下の警備連絡を担《にな》っていた。〈警備本部の望楼《ぼうろう》から見た県庁方面の家並みは……西欧の歴史に有名なポンペイ最後の日の模様も、ちょうどこのようではなかろうか〉。創価学会の反戦出版に寄稿し、〈筆舌《ひつぜつ》には尽くし難い〉惨劇《さんげき》の記憶を刻んだ（『ピース・フロム・ナガサキ』第三文明社）。

自宅は浦上天主堂《うらかみてんしゅどう》のすぐそばだった。爆心地から一キロもない。妻と二人の子、そして学徒動員の弟を奪われた。妻の骨を拾《ひろ》ったが、子どもたちの骨は見つからず、代わりに土を拾った。

〈その時、悲しみや苦しみをどう感じたのか思い出せない……死者の群《むれ》と、どんなものでも完全に原形をとどめない被爆跡の光景は、人間の生命から一切の感情と生きる力《ちから》を奪い去ったもののよう〉だった。敗戦後、二次被爆で足が異様に太くなった。再婚して生まれた息子の病を機に、創価学会に入った。

人の前に火を灯《とも》せば己《おのれ》の前も明るくなる

同じく長崎から参加した吉岡澄子。「肩肘張《かたひじは》らずにね」と池田から励まされ、こみあげるものを抑えていた。アメリカでは渡辺源吾らとともに新聞、テレビ、ラジオそれぞれのインタビューで思いの丈《たけ》を語った。

十九歳で被爆した。爆心地から一・五キロの三菱兵器製作所で、魚雷製造に携わっていた。〈私はある場所で釘《くぎ》づけになった。臨月《りんげつ》を迎えた妊婦であろう、全裸《ぜんら》の黒焦げの両足の間に、胎児《たいじ》が飛び出し、流血の中に死んでいたのである……むごすぎる光景で、全身総毛立《そうけだ》った〉〈完全な五体をした人間はどこにも見当たらない。私には、それを無残だとか、哀れだとか感ずる心の余裕さえなかった〉（同）。被爆による嘔吐《おうと》を何度も繰り返しながら、水を求めてすがりつく人を、泣き叫《さけ》ぶ子どもを、気づかう余裕もなく歩き続けた。〈ただ生き延びたいと夢中であった〉。

敗戦後、結婚して四人の子に恵まれた。幸い、子どもたちは健康に育ってくれた。だが澄子自身は結核と原爆症に苦しみ、何度も死の淵《ふち》に立った。ばっさり抜け落ちる髪。紫の斑点。だるい体。同じ症状の知り合いが次々と死んでいった。

あの「八月九日」の生き地獄の中で「人らしい心」を失った自分を責めた。なぜ私はあの子に水をあげなかったのだろう。大やけどの水ぶくれで、皮膚が布のように垂れ下がったのは私だったかもしれない。目が潰《つぶ》れ、鼻がもげたのは私だったかもしれない。死んだ同級生は、あの黒い肉の塊《かたまり》は、私だったかもしれない……原爆を生き延びた人々は、想像を絶する「心の痛み」に耐え続けてきた。

澄子は頭から首、胸、手足に及ぶ重度の皮膚炎《ひふえん》に侵《おか》された時、あまりの痛みに耐えきれず風呂場で服毒《ふくどく》自殺を図った。夫の冨行が水を飲ませて一命をとりとめた。その直後、知人から「見ていられなくて」と信心を勧められ、一家揃《そろ》って創価学会に入る。一九五七年（昭和三十二年）秋のことだった。

皮膚炎はしばらくして治まった。題目を唱えるたび、ふとした拍子《ひょうし》に起きていた死の衝動《しょうどう》が影を潜《ひそ》めていった。澄子は少しずつ「生き抜こう」と思えるようになった。そうした心の変化が何よりもうれしかった。

◇

「証言するため」に被爆した人など、一人もいない。思い出したくもない、言葉にすらならない苦しい体験に向き合い、勇気をもって「証言する」ことを選んだ人たちである。

〈譬《たと》へば人のために火をともせば・我がまへ　あきらかなるがごとし〉

——たとえば人のために火を灯《とも》せば、その人の前が明るくなるとともに、自分の前も明るくなるようなものである——「人のため」の振る舞いが「自分のため」にもなる道理を説いた日蓮《にちれん》の一文である（食物三徳御書、御書一五九八ジペー）。核兵器の恐ろしさを証言し続ける語《かた》り部《べ》の何人かが、この言葉を座右《ざゆう》の銘《めい》にしていた。私は学会員だから、勇気を出して人前に立てた。そう語る人もいた。

「創価大学で、先生から『使命』と染め抜かれた袱紗《ふくさ》をいただきました。じつは、あの代表団に参加するまで、広島で被爆したことは一言も口にしたことがなかったんです」。中山忠幸はそう振り返る。訪米中、「デイリーニュース」紙のインタビューを受けた。

忠幸の自宅は爆心地から三キロの地にあり、四歳で被爆した。一週間、嘔吐《おうと》と下痢《げり》が続いたが、大きな後遺症は残らなかった。「八月六日、母はガラスが刺さって血まみれになりました。母の姉は二日後に亡くなりました。『核の脅威』展でニューヨークに行くまで、こうした経験には触れたくなかった」という。訪米団の話を聞いた時、地元の創価学会の組織で本部長をしていた。「役に立てるなら」と意を決して被爆の事実を公表した。

忠幸は中学を卒業した後、経理学校に進んだが、父の会社が倒産してしまう。さらに父は病に倒れ、忠幸は学校を辞めてタイヤの修理工場でハンマーを振るった。十六歳の肩に、一家五人の生計が重くのしかかった。創価学会に入ったのもこのころである。「信心を始めて三年後、岡山で青年部総会がありました。初めて池田先生に会ったのはこの時です」。

その総会で池田は「私のただ一つの願いは、諸君のこれからの成長だけです」と語っている。「私は力《ちから》がありません。また、(三十歳までは生きられないと言われた)自分自身の体のことも知っております。しかし、諸君が全世界に大きく羽ばたくその道だけは、どんなことがあってもつくりきっていってあげたい」——諸君は今は社会的にも下積みの人生かもしれないが、七年、十年、歯を食いしばって仏道修行《ぶつどうしゅぎょう》を成し遂げ、必ず幸福者になってほしい——池田の訴えに触れた忠幸は「この信心で自分の人生を変えよう」と決心する。

被爆者たちは、池田とともに刻んできたそれぞれの人生の原点を胸に秘めて、機《き》上《じょう》の人となった。

「君よ諦観《ていかん》してはならない　君よ倦怠《けんたい》してはならない」

国連本部ロビーに特大のニューヨークの地図が現れた。もしもエンパイア・ステート・ビルの真上で核兵器が炸裂《さくれつ》すればどうなるか？　爆心地から一・五マイル、二・八マイル、三・七マイル……絶望的なデータが同心円とともに示されている。隣のパネルにはモスクワ、パリ、ロンドン、上海を描いた同様の地図もある。

〈広島・長崎の原爆被害〉〈現代の核兵器の実態《じったい》〉〈軍縮と開発〉。「核の脅威」展はこの三部構成である。国連本部を訪れた見学者たちは、これまで見たことのない展示の数々に、文字通り釘《くぎ》づけにされた。

開幕式に出席した国連事務総長のデクエヤルもその一人だ。「フォークランド紛争」の対応に苦慮《くりょ》する中、五分の予定だった見学時間は二十分を超えた。見終わった後、「軍縮特別総会に集まる世界各国の大使、公使、外交官は必ず見るべきだ。私からも見るように勧めましょう」と語っている。デクエヤルは開幕式で池田の「軍縮および核兵器廃絶《はいぜつ》への提言」を受け取った。この提言は軍縮特別総会のキタニ議長にも手渡された。

「ニューヨーク・タイムズ」やABC、NBC、CBSの全米三大ネットワーク、さらに三十近い海外メディアがSGI（創価学会インタナショナル）の行事や被爆者の証言を報じ、見学者の数は日増《ひま》しに増えていく。

「私はきのう見た。今日は友人を二人連れてきた」「もっと早くやってほしかった」と励まされたスタッフもいた。感想ノートにもさまざまな声が綴られた。〈人間がこまで恐ろしいことができたとは信じられない。吐《は》き気がする〉（ニュージャージー州の女性、書店経営）。〈ウソだ。ひどい。何のために戦争するの。バカげている。見てよかった〉（ユタ州の男子、小学四年生）。〈世界中のあらゆる人が見られないのが残念だ〉（オーストラリアの男性、建築業）。

◇

この「核の脅威」展をきっかけに、長崎市からニューヨークの国連本部に贈られた「被爆の実物資料」がある。浦上《うらかみ》天主堂（爆心地から五〇〇メートル）で被爆した「聖アグネス像」だ。今も国連本部ロビーに設置され、見学者たちを無言で見守っている。国連事務次長だった明石康《あかしやすし》が展示を希望した。ロビーの補強工事も行われた。「人類に代わって聖アグネスが原爆の被害を浴びているかのように感じさせる、非常に感動的な石像だと思います。長崎から出展していただいたことで、二度と悲劇を繰り返してはならないという『核の脅威』展のメッセージをより強めることができました」と振り返る。

明石は「日本人初の国連職員」である。国連事務次長としてのみならず、事務総長特別代表としてカンボジア暫定統治機構《ざんていとうちきこう》、旧ユーゴスラビア平和維持を担当。難題に立ち向かった。現在はスリランカ担当の日本政府代表を務める。池田とは何度も対話を重ねてきた。

「池田会長の行動は多面的であり、大きな目で見た時、非常に価値あるものです。その一つが恩師である戸田城聖第二代会長から託《たく》された、核廃絶に向けた一連の行動です。国連本部ロビーでの『核の脅威』展は池田会長との語らいから生まれました。第二回国連軍縮特別総会における『世界軍縮キャンペーン』の採択《さいたく》に大きな影響を与え、核廃絶への世界世論を形成するうえでも重要な役割を果たしたと思っています」

また明石は、これまで池田が取り組んできた「中国との民間外交」の重要性も指摘する。

「日中関係が抜き差しならぬ危機に陥《おちい》った時、池田会長が作られた民間の太いパイプは大変貴重です。中国の程永華《ていえいか》駐日大使は日本にとって貴重な『知日《ちにち》』の外交官です

国連事務次長を務めた明石康と会見。21世紀の国連と世界について語り合った（1999年6月、東京・八王子市）©Seikyo Shimbun

が、程大使自身、創価大学の留学生でしたね。

今の日本に必要なのは『親日家』ではなく、良識ある『知日家』です。ときには厳しいことも言い合い、なんとかお互いにとっていい方向を探し出す。そうした対話こそ本物の友情や信頼関係を生むのです。池田会長率いる創価学会にもそういう方々がたくさんおられると私は思っています。昨年（二〇一四年）、創価大学が文部科学省の『スーパーグローバル大学』に採択されました。これからの世代に強く期待しています」

◇

箱根芳子は訪米団を支えたスタッ

フの一人である。婦人平和委員会で活動してきた。「ニューヨークに向かうフライトの最中、『立正安国論《りっしょうあんこくろん》』の一節が胸に浮かびました」と語る。〈蒼蠅驥尾《そうようきび》に附《ふ》して万《ばん》里《り》を渡り碧蘿《へきら》松頭《しょうとう》に懸《かか》りて千尋《せんじん》を延《の》ぶ〉。小さな虫も名馬につかまれば万里を駆けることができる——仏法を信じ抜く尊《とうと》さを訴えた日蓮の一文である（御書二六ページ）。

芳子は十三歳の年、東京の自宅をアメリカ軍に空襲される。両親、姉とともに生き埋めになり、芳子だけが助かった。父は東京大学医学部出身の内科医だった。「『なぜ両親と一緒に死んでしまわなかったのだろう。そのほうがずっと楽だったのに』と何度もわが身を呪《のろ》いました」。

敗戦後、学童疎開《そかい》で助かった弟の学費を稼ぐため、女学校で鍛《きた》えた英語を生かして働いた。占領軍の電話交換手を手始めに、英文タイプや英文速記を身につけ、二十二歳で外資系会社の役員秘書になる。夫の三郎とともに創価学会に入ったのは三十五歳の時だった。

「『核の脅威』展がニューヨークで行われた年、戸田先生の命日である四月二日付の聖教新聞に池田先生の『民衆』という詩が再掲《さいけい》されました。今もこの詩が私の行動の原点です」

流された血は償《つぐな》うべくもない
溢《あふ》れた涙は返すべくもない
ああしかし——
君よ 黙《もく》するな
君よ 諦観《ていかん》してはならない
君よ 倦怠《けんたい》してはならない
ひとにぎりの権力者が支配する
愚劣《ぐれつ》な歴史の反復《リフレイン》に
終止符《しゅうしふ》を打つために
その哀《かな》しい啜《すす》り泣きに
止《とど》めを刺《さ》すために
民衆の群舞《ぐんぶ》の波で
未来の民衆のために
勝利を飾らなければならない

訪米団の派遣を知った芳子は「何でも手伝いたい」と志願した。戦災孤児である芳子の半生を聞いた池田は、訪米前の懇談の際、芳子を励ましている。芳子はニューヨークでの一連の行事を裏方として支え、「平和のための女性フォーラム」では司会を務めた。

何十年も、いつも「八月九日」だった

〈原爆製造者《げんばくせいぞうしゃ》と被爆者が初の対面〉〈歴史的ともいえる出会いだった〉（「サンデー毎日」一九八二年六月二十七日号）。創価学会代表団の行事の中に、そう評《ひょう》され、ひときわ注目を集めた出来事があった。

ルーズベルトホテルにMIT（マサチューセッツ工科大学）教授のバーナード・フェルドが現れたのは六月一日の夜だった。科学者の反核運動「パグウォッシュ会議」の事務局長である。かつて「マンハッタン計画」――アメリカによる原爆開発――の一員だった。

もう二人、アメリカを代表する知識人が同席した。アメリカ政府の行政顧問として、廃墟《はいきょ》と化した広島を訪れたジョン・D・モンゴメリー。八十以上の国や国際機関のコンサルタントを務めた行政学の権威《けんい》である。ハーバード大学の行政学部長であり、同

広島・長崎の被爆者と、原爆開発に携わった科学者らが初の対面（1982年6月1日、ニューヨーク）©Seikyo Shimbun

大学のケネディスクール（政治大学院）創立に携わったことでも知られる。

そして同じくハーバードで生化学を教えるジョージ・ウォールド。ノーベル生理学・医学賞受賞者である。ベトナム反戦の社会運動で知られ、「広島と長崎への原爆投下は戦争犯罪だ」と訴え続けた。

創価学会を代表し、渡辺源吾、橋本トヨミ、竹岡智佐子、そして胎内《たいない》被爆者の山下義宣が懇談した。「フェルドさんとウォールドさんがとても緊張していたのを覚えています」（山下義宣）。

「被爆者の体験をうかがいたい」。

ウォールドが静かに切り出した。長崎から参加した橋本トヨミが口《くち》を開いた。

◇

二十一歳の夏だった。三歳の長男が「ヒコーキ、ヒコーキ」と言って戻ってきた。すぐに抱き上げて家の中に入った瞬間、猛烈《もうれつ》な光に叩《たた》きつけられた（爆心地から一・二キロ）。気がつくと崩れた家の下敷きになっていた。突き出た釘《くぎ》に阻《はば》まれ、外に出られない。火がそこまで来ている。

「おなかば裂《さ》かんば出られんたい」。トヨミは火に包まれる寸前、横腹《よこばら》に深い傷を負いながら、かろうじて抜け出した。

「あれが生き地獄と言うんですか。なんて言うんだろうか」

婦人平和委員会の取材に対し、トヨミはそう語っている。戦争が終わった日のことは覚えていない。長男は助かったが右目の光が奪われた。五人の子のうち、四人が原爆症に苦しんだ。四番目の子は一歳半で亡くなった。

トヨミの体を極度《きょくど》の低血圧と筋肉腫《きんにくしゅ》が襲った。耳のそばにめりこんだガラス片《へん》がいつまでも疼《うず》いた。トヨミは手記に〈私達被爆者は何年も何十年も、いつも〝八月九日〟だったのです〉と綴っている。

夫も被爆していた。病弱で仕事ができなくなり、自殺を図ったことがある。保護された警察署まで迎えに行くと「生きているのが苦しい。死なせてくれ。死なせてくれ」と言われた。〈四人の子どもば抱えて、体は原爆の後遺症ばもちながら、必死に働きました。近所の人が、あまりに悲惨な生活を見かね、信心の話をしに来てくれました〉。一九五八年（昭和三十三年）九月のことだった。

「今年も手術して、体に埋まっていたガラス片をとりました」——そう語るトヨミに、教授陣の一人が「あなたはアメリカを怨《うら》みますか」と尋ねた。「それはそれは怨みました」と答え、トヨミはこう続けた。

「こんなに苦しいことはないというくらい苦しみました。でも今は、どこの国の人にも、あなたたちアメリカ人の子どもたちにも、あんな思いはさせたくないと思って行動しとります。私は創価学会員です。池田先生に教わりました、愚《おろ》かな指導者の生命にある魔性《ましょう》が一番悪《わる》かって。このことを伝えにアメリカまで来ました」。懸命に語った。

同席していた山下義宣は「三人の学者たちがもらした『オオー』というどよめきというか、驚きの声が今も耳に残っています。橋本トヨミさんの言葉で、その場の空気が一変しました」と振り返る。

四人の被爆体験を聞き終え、三人の教授陣はそれぞれ「皆さんの貴重な体験こそ、核兵器の禁止を主張できる唯一の生きた証言です」(ウォールド)、「私は原爆投下直後に広島へ行きました。それは兵隊が広島に行っても肉体的に心配ないことを証明するためだった。しかしとてもそんな証明はできなかった。危険この上ないことだけがわかった」(モンゴメリー)、「時代がどう変わろうと、核の悲劇は二度と繰り返してはならないと、あらためて心に誓いたい」(フェルド)と語った。

「君たちは来るのが遅すぎた」

翌日、「被爆証言を聞くNGOの集い」が行われた。「マンハッタン計画」の一員だったバーナード・フェルドは「我々は狂人に近い指導者を頼りにしていることを認識すべきだ」と訴えた。

五〇〇人に及ぶ聴衆の前で、竹岡智佐子は「戦争への怒り」をはっきり自覚した瞬間を語った。「……防火用水の横で、若い母親が赤ん坊をしっかりと抱いて死んでいました。下半身は黒こげになり、赤ん坊は無心《むしん》におっぱいをくわえ、そのまま息絶えていました。その母子の姿を見た時、初めて激しい怒りが込み上げてきて、泣けて泣けて仕方ありませんでした。何の罪もない赤ちゃんまでなぜ殺さなくてはならないのか。最後まで子どもを守って死んでいった母親の無念《むねん》さを思うと、私の胸は悲しみと怒りに張り裂けんばかりでした」。

連日、被爆体験を語るフォーラムが続いた。箱根芳子は「皆さんの体験を、込み上げる嗚咽《おえつ》を押し殺し、歯を食いしばって通訳されていた黒人女性の姿が忘れられません。『あなた方の平和運動も含めてどんな資料でもいいから送ってほしい』と住所を手渡してくれたインド人女性もいました」と述懐《じゆつかい》する。

「NGOの集い」の終了後、見上げるほど長身のジョン・モンゴメリーが、智佐子の手をとり「私は悪いことをしました」と涙を流した。「モンゴメリーさんは『今日の話を大勢の人に伝えていつまでも頑張ってください』と言ってくれました。悪いことをしたと言われたのはモンゴメリーさんの誠実さの証しだと思います」（竹岡智佐子）。

智佐子は広島平和記念資料館の被爆体験証言者として、長く語《かた》り部《べ》を続けてきた。娘の真里子は今、広島市が定める「被爆体験伝承者《でんしようしや》」として活動している。母から娘への継承は、中国新聞や読売新聞、西日本新聞でも大きく報道された。

モンゴメリーは自著に〈私が、本書の結論で述べるような考えをもつにいたったのは、創価学会インターナショナルが主催した国連での核凍結《とうけつ》の討論会に出席したからである〉と明記している（『ヒロシマ・ベトナム・核』第三文明社）。〈軍事的な冒険者に対してはつねに監視《かんし》せよ〉〈(それは)人類の生き残りのために絶対に必要なのである〉。これが結論の一つだった。

ニューヨークでの「核の脅威」展の九年後、池田はハーバード大学に招かれ「ソフト・パワーの時代と哲学」と題する記念講演を行う。講演実現へ向けて最も精力的に動いた一人がモンゴメリーだった。その二年後、池田はハーバードで二度目の講演を行った(「二十一世紀文明と大乗仏教」)。

モンゴメリーは晩年、池田が創立したSUA(アメリカ創価大学)の充実に尽力した。SUAの独創的な教育プログラム「ラーニング・クラスター」は、彼の発案である。広島池田平和記念会館では、池田が植樹した「モンゴメリー夫婦桜《めおとざくら》」が毎年、花を咲かせている。

◇

「核の脅威」展が始まるひと月ほど前に、創価学会平和委員会のスタッフがジョージ・ウォールドのもとへ、あいさつに訪れた。ウォールドは語った──人体への放射能の影響を研究するうちに、人間の生命の尊厳《そんげん》とは、欧米で論じられる「個人の主体性」の奥にあるものだと気づいた。平和運動を変えるには哲学を変えねばならない。私はそれを仏教に求めている──。そして本棚から二冊の本を取り出した。一冊は

『ラスティング・ピース（恒久平和）』。池田の平和講演集の英訳である。もう一冊は歴史学者アーノルド・トインビーと池田の対談集『生への選択』（邦題は『二十一世紀への対話』）だった。

また、ＳＧＩの行事にどうしても参加できず、長文のメッセージを託した人物もいた。ウクライナ出身の化学者で、ハーバード大名誉教授のジョージ・キスチャコフスキーである。

キスチャコフスキーは「マンハッタン計画」の中心人物だった。第二次世界大戦の最中、ロスアラモス国立研究所の顧問《こもん》に就任《しゅうにん》。爆薬部門の責任者として、決定的な役割を果たした。人類初の核実験にも立ち会っている。

戦後、アイゼンハワー大統領の科学顧問を務め、軍縮を唱えるようになる。ベトナム戦争を機《き》に政府との関係を断ち、核軍縮に力《ちから》を注いだ。

研究室を訪ねた平和委員会のスタッフは、横腹を押さえたキスチャコフスキーから「君たちは来るのが遅すぎた！」と言われて面食《めんく》らった。「私は末期の肝臓《かんぞう》がんで、あとわずかの寿命《じゅみょう》だ。一切の行事に参加しないよう医師から厳命《げんめい》されている」という。

この年の十二月、キスチャコフスキーはその生涯を閉じている。

訪問したスタッフの一人が、ＳＧＩの平和運動について話し始めた。キスチャコフスキーは一冊の本を手に取った。「この人のことだね」。その本はよく読み込まれ、線が引かれてあった。『生への選択』――池田・トインビー対談である。

「私の平和への思いを、池田会長に、創価学会の青年たちに、ぜひ受け継いでいただきたい」。キスチャコフスキーはスタッフにそう告げて微笑《ほほえ》んだ。

後日、寄せられたメッセージには〈私の人生が終わろうとするいっぽうで、あなたたち若者が仏法の平和思想を掲げていく。あなたたちの戦いは私を励まし、安心させてくれます〉と綴られていた。

なっちゃん先生

「核兵器」篇（「潮」連載時の副題）の最後に、池田を師と仰ぎ、生き抜いた二人の信仰者の生涯に触れておきたい。

広島で「なっちゃん先生」と呼ばれ、親しまれた舞踊家《ぶようか》がいた。「核あるいは原子爆弾の実験禁止運動が、今、世界に起こっているが、私はその奥に隠されているところの爪《つめ》をもぎ取りたいと思う」――戸田城聖の「原水爆禁止宣言」を、その場で聞いた一人である。

一九八四年（昭和五十九年）五月、水野なつ子（芸名は松本ナツ子）はニューヨークの舞台に立った。「ノー・モア・ヒロシマズ――星ひとつまたたきて」と題する反核バレエである。なつ子は公演の渉外やマネジメントを手がけ、ダンサーとしても出演。原爆の火の海を逃《に》げ惑《まど》う教師役を演じ、喝采《かっさい》を浴びた。

この公演は国連軍縮委員会のキャンペーン行事になり、「ニューヨーク・タイムズ」でも大きく取り上げられた。五八年（同三十三年）冬、岡山で「世界の舞踊家になりなさい」と池田に励まされた日から、四半世紀が経っていた。

◇

戦争中、水野なつ子は広島県北の山寺に疎開《そかい》していた。聞いたことのない轟音《ごうおん》が山を揺るがした。広島市の上に、見たことのない不気味《ぶきみ》なきのこ雲が広がっていた。市内に戻ってみると、実家は跡形《あとかた》もなかった。「母の実家は広島県産業奨励館《さんぎょうしょうれいかん》、今の『原爆ドーム』の向かい側にありました」（水野なつ子の長女の坂元百合子）。

なつ子の母、玉代は保母《ほぼ》（当時）だった。勤務先の託児所《たくじしょ》は、元宇品《もとうじな》の山かげにあって爆風からは守られた。玉代はそこで原爆孤児を引き取り、育てた。自分自身は生涯、被爆手帳を申請しなかった。「祖母は、子どもの結婚に響くから、そして何より『ピカにやられたという刻印《こくいん》』を押されるのが嫌だからと言っていました」（坂元百合子）。

玉代はなつ子を、おむつのとれないうちから児童舞踊の教室に通わせた。高校を卒業したなつ子は上京し、舞踊家の大野弘史と和井内《わいない》恭子夫妻の内弟子になる。西大久保の自宅に住み込み、昼は家事手伝い、夜は月明かりの下で練習に励んだ。なつ子は一九五四年（昭和二十九年）、夫妻に誘われて創価学会に入る。

板張《いたば》りのレッスンスタジオは四十坪ほどの広さで、ゴザを敷《し》くと座談会場に早変わりした。夜は文京支部の座談会場として賑《にぎ》わった。なつ子は参加者の下駄《げた》や草履《ぞうり》をそろえる係だった。

入り口にたたずむなつ子に、必ず礼儀正しく声をかける人がいた。やがてその青年が「文京支部長代理」であり、「池田大作」という名前であることを知る。なつ子は「大阪の戦い」（潮ワイド文庫『「民衆こそ王者」に学ぶ 常勝関西の源流』に詳述）にも「山口闘争」（単行本『民衆こそ王者』第四巻に詳述）にも参加したが、いつも最前線には池田の姿があった。

◇

やがてなつ子は広島でバレエ研究所を立ち上げ、東京と広島を往復するようになる。池田が広島を初めて訪れた時、仕事の軸足《じくあし》をどちらに置くか、悩んでいた。

大きな会合の後、池田は受付や参加者の子どもの世話をしていた青年部役員を集めた。会合に参加できなかった人ばかりである。なつ子を皆に紹介し、池田は切り出した。「この人は広島で生まれ育って、お父さんを早く亡くして、お母さんが苦労して育てたんだよ。東京でダンスの修業をしたんです。広島の方《かた》だからね。みんな、よろしくお願いします」。

なつ子は声にならないほど驚いた。文京支部にいたころは、会合の裏方《うらかた》で動き回り、まともに会合に参加したことがなかったからだ。さらに池田は「根の浅い木は大樹《たいじゅ》に育たない。広島にしっかり信頼の根を下ろすことです。わが喜びに皆が共に舞ってくれる、そういう自分になりなさい」となつ子を諭《さと》した。「母はこの時、広島で生き抜こうと決めたと言っていました」（長女の百合子）。なつ子は広島女子部の初代部隊長として、県下一帯を走るようになる。

銀行員の英一と結婚。のちに英一も信心を始める。流産と死産が続いたが、四度目の妊娠《にんしん》で長女の百合子が、やがて長男の英俊も生まれた。母の保育園の一角から始めたバレエ研究所は、いつしか生徒数が二〇〇人を超えた。テレビやラジオを通して広島の人々に親しまれた「なっちゃん先生」は二〇一二年（平成二十四年）、七十七歳の生涯を終えた。

四十五年間、隠した秘密

創価大学のA棟前《とうまえ》に、一対《いっつい》のブロンズ像がある。それぞれの台座《だいざ》に池田の言葉が刻まれている。

〈労苦《ろうく》と使命の中にのみ　人生の価値《たから》は生まれる〉
〈英知を磨くは何のため　君よ　それを忘るるな〉

日本語の下には英語訳もある。「英訳を担当されたのは中内正夫先生です。創価大学の『建学の精神』も訳されました。創大一期生の私たちにとって、最も英語力のある魅力的な教授でした」。創大文学部長の浅山龍一が語る。

中内正夫は創大が開学した一九七一年（昭和四十六年）から英文学科の教授を務めた。創価女子短期大学が開学した時の初代英語科長でもある。東京大学を卒業後、中央大学で教えていた。アメリカの詩人エミリー・ディキンソン、小説家ヘンリー・ジェイムズをはじめ多くの文学批評や翻訳《ほんやく》書を残した。

「夫は授業で『うちの家外《かがい》は』と言っていたそうです」。妻の郁子は笑みを浮かべて語る。「私は学会活動で家の中にあまりいないので、『家内《かない》』じゃなくて『家外』だって」。

郁子が夫の思わぬ秘密を知ったのは、子育ても終え、結婚から四十五年経ったころだった。「『じつはぼくは、広島で被爆しているんだ』と告げられ、びっくりしました」。正夫は「君と出会う前に四度お見合いをした。『原爆に遭《あ》ったけどこんなに元気だ』と言ったら四回とも破談になった。どうしても話せなかった。申し訳ない」と謝った。彼もまた、核兵器の「非人道性《ひじんどうせい》」に人知れず苦しめられ続けた一人だった。

――その日、正夫は広島市内の旧制高校にいた。木造校舎《もくぞうこうしゃ》の二階で、席は最前列の真ん中だった。「起立、礼」のあいさつと同時に、原爆の光と爆風を浴びたという。ガラスの刺さった体を引きずり、はるかに重傷の友人たちを手当てした。何時間もかけて大竹の自宅まで歩き、地獄を見た。

池田の言葉を訳した時の心境を、こう語り残している。「池田先生は建学の精神に『人類の平和を守るフォートレス（要塞《ようさい》）たれ』と掲げられた。心に『平和の要塞』を築いた学生たちをどんどん世の中に送り出したい……ブロンズ像の英訳の時も、この願いを込めずにはいられなかった」。

浅山は「『人間革命』は本当に名作だよ。僕は愛読者だ」と学生相手に楽しそうに話す正夫の姿を覚えている。「池田先生は私たち創価大学の教員に『皆さんの子どもよりも学生を大切にしてください』と言われたことがあります。中内先生は、その通り実践された大先輩です」。

◇

〈創価学会の平和運動が、驚くべき発展をもって今日《こんにち》まで続いてきたのはなぜか——私は、そのエネルギーの原点が「師弟」にあるからだと考えています〉。長崎女子短期大学学長だった田中正明は生前、池田のリーダーシップについて語っている（「パンプキン」二〇一〇年二月号）。〈今度は、その池田会長が何を求めているのか、私たちが正しく深く読解できなければ、この偉大な平和運動は途切《とぎ》れてしまうでしょう〉。

戸田城聖から受け継いだ核廃絶の信条について、かつて池田はこう綴った。

〈……一言の抗議もできずに、核の雲に焼かれて死んだ幾十万《いくじゅうまん》の人々。今、私たちは生きている。生きている、この私たちが何かをせずして、どうして無念のうちに亡くなったその方々を弔《とむら》えようか。

その方々の分まで生き抜いて、その方々の分まで幸福な国にして、もう二度と、世界が悪魔の業火《ごうか》に焼かれる悲劇がないように戦う以外に、日本人としての生き方はないはずである〉（一九九八年八月九日付「聖教新聞」）

創価大学のブロンズ像は、池田が無数の弟子たちとともに生み出した平和運動の前《ぜん》途《と》を静かに見守っている。

◇

一九七五年（昭和五十年）十一月九日。広島の県立体育館で、創価学会の本部総会が行われた。会長として登壇した池田は、「広島は、世界の核戦争を防止する平和の原点であり、聖地であるといってよい」と語り、その場で核兵器廃絶のために〈製造・実験・貯蔵・使用の禁止〉〈民間レベルの研究・討議の推進〉〈「核の平和利用」への厳重監視〉という三つの提言を採択した。

さらに「核兵器全廃のための全世界首脳会議を開催すべきであるというのが、私のかねてからの主張であり、念願でもありますが、いきなりこうした首脳会議を行うことは、なかなか実現困難であることも、よく承知しております」と述べ、専門家、科学者、思想家などの代表が集う「国際平和会議」を「平和の原点の地である広島において開催すべきであることを提唱したい」と訴えた。

広島で核廃絶の世界首脳会議を――四十年来の池田の望みに向けて、一歩進んだかと思える動きがあった。二〇一六年（平成二十八年）五月二十七日、アメリカの第四十四代大統領であるバラク・オバマが、アメリカの現職大統領として初めて広島を訪れたのだ。その四日前には、創価学会本部の代表がアメリカ大使館を訪れ、創価学会の新しい反戦出版を寄贈している。

〈知ることだ。知らせることだ。……私は思う。「核兵器が必要だ」と主張する人は、まず広島へ行け、長崎へ行け、そして、その方々（＝被爆者）の前でもなお「核が平和を守る」と言えるのか、その地で徹底的に会議してはどうだろうかと〉（前出の池田のエッセー、一九九八年八月九日付「聖教新聞」）

池田が戸田城聖から受け継いだ理想の炎は、国境を超えて広がっている。

沖縄の人々に寄り添う池田名誉会長の心。

比嘉幹郎《ひがみきお》（元沖縄県副知事／元琉球大学教授）

「民衆こそ王者」の〈いくさや　ならんどー〉篇を読ませていただきました。まず「民衆こそ王者」というタイトルに感心しました。国民や人民（平民）、大衆（mass）ではなく、「民衆」という言葉を使っています。まさに民主主義を象徴《しょうちょう》する「民」が主役であるという心が伝わってきます。

わたしは副知事として県政に携《たずさ》わっていましたが、本来は大学で政治学を教え、現在でも高校の後援会会長などを務める教育者だと思っています。ですから政治学者、教育者の視点からこの連載を読みました。

〈いくさや　ならんどー〉篇では、池田大作創価学会名誉会長の提案で、高校生たちが「沖縄戦の聞き書き」に取り組む様子が描かれています。高校生たちは凄惨《せいさん》な戦争体験を知り、まざまざと戦争の恐ろしさを感じ、反戦への思いを強くしたことでしょう。

まさに池田名誉会長は反戦出版に取り組む「教育」によって、平和運動を推進されたのです。

政治学で、ある地域住民の政治行動に影響を及ぼす態度、いわゆる「政治文化」は、「認識」「感情」「価値観」という三つの指標で測ることができるといわれます。私は「認識」を「歴史的認識」と置き換えて、沖縄の政治を分析しています。

沖縄は枚挙《まいきょ》に遑《いとま》がないほど周辺の大国、中国や日本、米国の外交の道具にされてきたといえます。

たとえば第二次世界大戦では、日本の要塞《ようさい》として、本土防衛の「捨て石」となりました。いまも、沖縄の犠牲の上に日本の安全保障が成り立ってきたといっても過言ではないでしょう。

これらの歴史認識を踏まえ、それに対する情緒的反応と好悪の評価が政治行動を大きく左右すると思われます。ひと口にいえば、沖縄の政治文化は差別と犠牲の強要への反発なのです。

そうしたなかで、池田名誉会長の思想と行動は、人権や平等など普遍的価値の普及活動だと思いました。

池田名誉会長は沖縄県民の歴史的認識や感情、価値観を十分把握されながら、沖縄の人々に接してこられたと思います。そして、戦場では一番弱い者が犠牲になる現実から、その苦しんだ人たちに対して「最も幸福になる権利がある」と指導してこられました。ご自身の公私にわたる経験が、小説『人間革命』の執筆につながり、その書き始めの地に沖縄を選ばれたことに感銘しました。

沖縄言葉（うちなーぐち）の「いくさやならんどー」に込められているのは、戦争を二度としてはいけないという平和主義の徹底ということです。

私も中学二年生のときに、鉄血勤皇隊員として戦いました。何の法的根拠もなく戦争へ駆り出された十四歳の私は、沖縄本島北部の激戦地を彷徨《さまよ》い、多くの同期生を失いました。スパイと疑われた沖縄人を上半身裸にして鞭打ちしている場面も実際に見ました。烈《はげ》しい艦砲射撃で逃げ迷っても軍隊の壕《ごう》に入れてくれなかったし、最後の戦場では私たち中学生は置き去りにされました。軍隊は住民を守らないということも実感しました。体験者は愚かな戦争はやるべきではないということを、身をもって知っています。

創価学会の皆さんのように、民衆の視点から戦争の実態を知らせ、叫んでいくことは大切です。子孫のために語り継ぐこと、反戦出版などは効果的な不戦の教育だと思います。

現代はヒト、モノ、カネ、情報、技術などが世界中で行き交う時代です。国だけが外交をやっているわけではないのです。

池田名誉会長は中国との国交回復前に中国との交流をしていました。その思想や行動に共感します。国家より、民間団体による教育や文化交流、NPO、NGOなどの活動が平和貢献の主体になるのです。

いまだに武力によって国際紛争を解決しようとする節があります。武力だけではどうしようもないことを理解しなければなりません。知恵を結集していくべきです。

創価学会の青年や婦人が中心となって取り組んでいくことで不戦を推進することができると思うのです。

特にそれは戦争を経た沖縄の歴史を継承していく学会の青年部の大きな役割だと期待しています。

ほかの団体にはない平和の連帯と発信力。

原田《はらだ》浩《ひろし》（広島平和記念資料館・第九代館長）

広島に原子爆弾が投下された時、六歳だった私は疎開《そかい》するため父と広島駅にいました。閃光《せんこう》が襲った瞬間、両親がとっさに私の上に覆《おお》いかぶさってくれたおかげで、私は奇跡的に生き残ることができました。駅舎《えきしゃ》の屋根や壁が崩れ落ち、父は背中に大けがを負いましたが、幸い瓦礫《がれき》の中からかろうじて抜け出すことができ、建物の下敷《したじ》きになって高熱火災で焼け死ぬことを免《まぬか》れました。

被爆当時の広島市には三十五万人が居住《きょじゅう》し、約四十パーセントに当たる十四万人が亡くなったうえに、地域社会、歴史文化などあらゆるものをたった一発の原爆が壊《かい》滅《めつ》させました。かけがえのない命を持った一人ひとりの過去と将来の生き様を思う時、単に「十四万人が死亡」という数字だけで、被爆者を一括《ひとくく》りにすることは到底できません。

「民衆こそ王者」〈核兵器――絶対悪との闘い〉篇には、広島・長崎の被爆者の悲惨な体験が綴《つづ》られています。これらを読んで、私自身も無防備な市民を襲った原爆による惨状《さんじょう》を目撃しているだけに、当時のことを思い出しながら、「このような悲劇を決して繰り返してはいけない」という思いを新たにしました。

さて、本文中まず目に止まったのは「戦争の悲惨を知らない政治家に、また、だまされ、戦へと引きずられていくのではないか」という一文です。戦争体験を伝えることにより、日本は再び戦争に関わらないという信念を守り通すべきでしょう。

さらに強い印象を受けたのは、一九五七年に一人の被爆者が、神奈川の大会で聞いたという戸田城聖第二代会長の「原水爆禁止宣言」です。「原水爆を使用した国は、勝ち負けに関係なく死刑にすべき」「原子爆弾を用いた民族、それを使用したものは悪魔である」というその主張は、先進的な考えであり、深い叡知《えいち》を感じました。

今なお被爆の実相を直視せず、原爆投下を正当化する者がいますが、いかなる理由があっても許されないのが、人類への核兵器の使用です。また、多くの被爆者の苦悩とともに、韓国から強制連行され、戦時労働力として使われた人々と、その関係者の塗炭《とたん》の苦しみを忘れてはならないでしょう。

そのほか、長崎の被爆二世の方が話されていた七一年の世界ジャンボリー（ボーイスカウト野営大会）。大型台風にみまわれた時、多数の参加者を手厚くもてなされた学会の活動は感動的です。

さらには、七八年の第一回国連軍縮特別総会における核軍縮及び核廃絶への提唱をはじめとする数多くの平和提言。八二年、アメリカ・ニューヨークの国連本部ロビーで開催された「核の脅威《きょうい》」展と、以後、モスクワをはじめ世界二十四カ国三十九都市での開催など、大変優れた学会の活動だと思っています。

ところで、戦後七十年の間に、二一〇〇回を超える核実験が行われました。このうち旧ソ連では、広島型の三〇〇〇倍もの威力を持つ核実験を実施しています。現在もこの地球上には、一万五〇〇〇発もの核兵器が存在しています。つまり、核の脅威は決して過去を超えるではなく、現在も継続しているのです。

さらに、池田大作創価学会名誉会長の呼びかけにより、学会は九八年に一三〇〇万人以上もの反核署名「アボリション２０００」をニューヨークの国連本部に提出しています。二〇一四年四月には、創価学会広島平和委員会は広島の被爆体験をもとに『男たちのヒロシマ』（第三文明社）という本を編集、出版されました。

私も折々、創価学会の会合に出向く機会があります。学会の皆さんには、ほかの団体には見られない若いパワーがみなぎっており、核廃絶のメッセージを世界中に発信していく強い絆があります。

被爆者がますます高齢化するなか、悲惨な体験をもとに核の脅威を全世界に訴え続けていかなければなりません。

原爆投下による体験を風化《ふうか》させないために、すべての国民が広島・長崎市民とともに、さらなる核廃絶の平和運動に尽力してくださるよう期待しています。

緻密で積極的な創価の平和運動に期待。

坂東素子《ばんどうもとこ》（広島県男女共同参画を進める会監事）

広島への原爆投下当時、私は瀬戸内海の島にいたため被爆《ひばく》はしていません。原爆のきのこ雲は、島からもよく見えたことを覚えています。被爆はしていないものの、その後私は風評被害を受けました。「原爆は感染《かんせん》する」という悪い噂《うわさ》が広まり、「広島から来た」と言うと敬遠《けいえん》されるのです。「広島出身だと言ってはいけないよ」と人から言われたときには、強いショックを受けました。

「民衆こそ王者」〈核兵器――絶対悪との闘い〉篇を読んだところ、池田大作創価学会名誉会長についてこう書いてありました。

〈歴代の国連事務総長、アメリカ、ソ連（当時）、中国、ヨーロッパ各国のトップリーダーと会談する際には、機会があれば必ず核廃絶の信条を語ってきた〉。創価学会は反核の展示（「核の脅威」展）を世界二四カ国・三九都市で開催し、一七〇万人以上が来場したそうです。

本篇では、広島・長崎の創価学会青年部、婦人部がまとめた反戦出版物が十七冊、証言者は六一〇〇人以上とも書かれていました。創価学会が平和運動を熱心に推進していることは知っていましたが、これほどまでの運動とは知らず驚いています。被爆体験者の生の声を聞き、目に見える形で後世に残していく。きめ細かい平和運動を、創価学会は本当に地道に続けてこられています。

また、同記事に掲載されている広島・長崎での被爆者の体験談は、涙なしにはとても読み進めることができませんでした。

そして、創価学会の戸田城聖第二代会長が発表した原水爆禁止宣言が紹介されており、深い共感を覚えました。

原爆投下の結果、広島と長崎でどれほど怖ろしいことが起きたのか。戦争は絶対してはいけませんし、原爆の悲劇を二度と生んではなりません。そのために創価学会が進めているような地道な平和運動こそ必要であり、世界平和を確かなものにするため、国連の力をもっと強化するべきだと考えています。

一九七五年に国連は「国際婦人年」を提唱《ていしょう》し、平等・開発・平和のスローガンのもと国連婦人の十年の「世界行動計画」が策定《さくてい》されました。世界女性会議は七五年に第一回が開催され、中国・北京で開かれた第四回の会議（九五年）に、私も広島県の代表として参加しました。

いつの時代も、女性は誰でも理不尽で残酷《ざんこく》な戦争を本質的に憎《にく》み、戦争をしてはいけないと直感的に判断します。男女共同参画社会の理念が広がれば広がるほど、戦争を憎む平和な社会が築かれると確信しています。

私はこれまで、広島県立図書館の司書や広島県教育委員会の職員、広島県立生涯学習センター所長として働いてきました。財団法人広島県女性会議（現・広島県男女共同参画財団）に移ってからは「ひろしま女性大学」（現「エソールひろしま大学」）で女性向けの教育・研修活動を運営したり、女性が自宅にいながら仕事ができるよう尽力してきました。

子育てや介護があるため、働きたくとも外で働けない女性がいます。私が所長を務める「在宅ワーク支援センター」では、そうした女性に刺繍《ししゅう》や翻訳、テープ起こしなどの仕事を紹介・斡旋《あっせん》してきました。現在約一三〇〇人が登録しており、年間三五〇〇件の仕事を紹介しています。

これまでの仕事を通して女性の地位向上と男女共同参画社会づくりに微力ながら関

わらせていただいたと思っております。

二〇一〇年、創価学会の広島青年平和総会に参加する機会がありました。今の若者は元気がないと言われていますが、創価学会青年部の皆さんにはすばらしい団結力があり、これからの未来を作っていく気概にあふれていました。広島青年平和総会の席上、私は来賓として「You can challenge!」（皆さんは挑戦できる！）とあいさつしたものです。

戦後七十周年を迎えた今、私たちは戦争と原爆投下の歴史を決して忘れてはなりません。創価学会の青年部、そして平和を愛する女性メンバーには、ますます緻密で積極的な平和運動を進めていただきたいと応援しています。

◆小説『人間革命』『新・人間革命』とのおもな関連

（各巻の概要は創価学会公式サイトなどから）

■第１章　小説『人間革命』と沖縄［上］
■第２章　小説『人間革命』と沖縄［下］

・『人間革命』第１巻（「黎明」）

1964年（昭和39年）12月2日、池田は小説『人間革命』の執筆を沖縄の地で開始。聖教新聞紙上で連載が始まった65年（同40年）1月1日付には、「戦争ほど、残酷なものはない」との冒頭の一節に続き、戸田城聖が出獄する場面が描かれている。

・『新・人間革命』第２巻（「先駆」）

1960年（昭和35年）5月3日の創価学会会長就任から、10月2日北南米の旅に出発するまでの5カ月間、山本伸一は全国を駆けめぐり、新支部の結成を行っていった。7月17日には実質的に初の海外支部となる沖縄支部の結成大会へ。いつの日か沖縄で戸田の伝記ともいうべき小説の筆を起こすことを決意する。

・『新・人間革命』第９巻（「衆望」）

1964年（昭和39年）2月、伸一は太平洋戦争の悲惨な地上戦の舞台となった沖縄へ。この地から平和の大波を起こさんとの誓いを込め、伸一は戸田の伝記小説『人間革命』の筆を起こす。

■第３章　本当の敵は日本軍だった
■第４章　戦争は戦後も続いた
■第５章　母は大地を叩いた
■第６章　「君よ　黙するな」

・『人間革命』第8巻（「明暗」）

1954年（昭和29年）の3月、日本国民に思いもかけない事件が降りかかっていた。ビキニ環礁の水爆実験で、日本の漁船が死の灰を浴びたのだった。水揚げされた魚介類からは放射性物質が検出され、半年後には漁船の船員が死亡する。各地で原水爆禁止の署名など市民運動が起きた。戸田は、それら民衆の声をよしとしながらも、移ろいやすい人間の心を知るがゆえに、さらに根源的な闘争の必要性を考えていた。

・『人間革命』第12巻（「宣言」）

戸田は1957年（昭和32年）9月8日、横浜・三ツ沢の競技場での青年部体育大会の席上、原爆使用者を人類の生存の権利を奪う「魔もの（サタン）」と断じ、「利用したものは、ことごとく死刑にされねばならん」と訴える。

・『新・人間革命』第8巻（「激流」）

1964年（昭和39年）1月、学会の代表が韓国を訪問することになっていたが、渡航不許可の通知が届く。韓国には、かつて日本が行った非道な侵略と支配の歴史がある。そのため、学会に対しても根強い誤解があり、韓国に芽生えた学会組織に弾圧が襲う。だが、韓国の同志は、迫害の冬を耐え、粘り強く信頼を勝ち取り、社会で実証を示していく。

・『新・人間革命』第15巻（「開花」）

1971年（昭和46年）の夏季講習会の最中、大型の台風の影響を受け、近くでキャンプを行っていたボーイスカウトの世界大会の運営本部から、避難させてほしいとの知らせが入った。伸一の陣頭指揮で万全の支援を推進。垣根のない人間と人間の交流がなされた。慈悲の光による社会貢献の時代が大きく開花していた。

・『新・人間革命』第19巻（「虹の舞」「宝塔」）

1974年（昭和49年）2月、伸一は本土復帰後最初となった沖縄訪問で、初めて石垣島（八重山諸島）・宮古島を訪れる。那覇では全国初の「高校会」を結成、高・中等部員に反戦出版を提案するなど、未来世代の育成に全力を注いだ。同年6月から刊行が始まった青年部の反戦出版は、85年（同60年）には47都道府県を網羅して全80巻が完結する。

第一章〜第二章　『民衆こそ王者Ⅰ』
第三章〜第六章　『民衆こそ王者Ⅸ』
識者の声　『民衆こそ王者Ⅸ』

文庫化にあたり、修正・加筆しました（一部、敬称を略しました）。

文中の年齢、肩書き等は連載時のものです。また、引用文中のルビは編集部によるものです。

御書の引用は、『新編　日蓮大聖人御書全集』（創価学会版）を（御書　ページ）と表記しました。

USHIO
WIDE BUNKO
004

『民衆こそ王者』に学ぶ
沖縄・広島・長崎 不戦の誓い

二〇一九年七月十七日 初版発行

著 者 「池田大作とその時代」編纂委員会
発行者 南 晋三
発行所 株式会社 潮出版社
〒102-8110
東京都千代田区一番町6 一番町SQUARE
電話/03-3230-0781(編集部)
03-3230-0741(営業部)
振替/00150-5-61090
印刷・製本 中央精版印刷株式会社

ISBN978-4-267-02143-5 C0195

[http://www.usio.co.jp]

潮ワイド文庫　好評既刊

『民衆こそ王者』に学ぶ　常勝関西の源流

関西創価学会の原点である、1956年（昭和31年）の「大阪の戦い」における池田SGI会長と関西の同志の激闘、冤罪の「大阪事件」で、無罪判決を勝ち取った不屈のドラマを、当時の証言、記録から綴る感動のドキュメント！　今よみがえる、創価学会の〝土台〟を築いた人々の物語。

『民衆こそ王者』に学ぶ　婦人部 母たちの合掌《いのり》

世代、国籍を超えて愛される創価学会の愛唱歌「母」。病気、離別、貧困——試練に立ち向かい、一途な祈りを捧げてきた母たちの姿を、詩の力で称え、励ましを贈った池田SGI会長と婦人部の物語。看護に従事する「白樺グループ」「白樺会」との感動のドラマも収録！　嵐の中を、師とともに生き抜いた女性たちの、希望のドキュメンタリー。

『民衆こそ王者』に学ぶ　「民音・富士美」の挑戦

「スカラ座の〝引っ越し公演〟」「冷戦下、ソ連と中国が共演」「韓国のソウルで西洋絵画名品展」——。民主音楽協会（民音）、東京富士美術館（富士美）を創立し、「文化」の力で心の壁を超えていく平和運動の歴史を紐解く！　「写真による励まし」の原点と数々のドラマも収録。「政治」「国家」を超えて、不可能を可能にした「文化」の物語。